Claudia Kemfert

# Kampf um Strom

# Claudia Kemfert
# Kampf um Strom

Mythen, Macht und Monopole

Dieses Buch wurde klimaneutral produziert:

Bibliografische Information der Deutschen Nationalbibliothek
Die Deutsche Nationalbibliothek verzeichnet diese Publikation in
der deutschen Nationalbibliografie; detaillierte bibliografische
Daten sind im Internet über http://dnb.d-nb.de abrufbar.

ISBN 978-3-86774-257-3

5. Auflage 2013

Lektorat: Petra Kaiser, Grünstadt
Umschlaggestaltung: Groothuis, Lohfert, Consorten, Hamburg | glcons.de
Satz: Greiner & Reichel, Köln
Gesetzt aus der Minion Pro und der The Mix
Druck und Bindung: Freiburger Graphische Betriebe, Freiburg
Printed in Germany

**Besuchen Sie uns im Internet: www.murmann-verlag.de**

Ihre Meinung zu diesem Buch interessiert uns!
Zuschriften bitte an **info@murmann-verlag.de**

Den Newsletter des Murmann Verlages können Sie anfordern unter
**newsletter@murmann-verlag.de**

# Inhalt

# Der Kampf um Strom

In Berlin-Schöneberg, einem wenig bekannten, aber immer beliebteren Kiez unserer energetisch pulsierenden Hauptstadt, gerät man leicht unter Hochspannung. Ein 1000 Volt starker Stromschlag durchzuckt den Fußgänger, wenn er den Handlauf der Crellepromenade berührt. Dahinter steckt ein Planungsfehler: Beim Bau dieser Brücke wurde eine ungünstige Kombination von Stoffen verwendet, die sich schnell elektrisch auflädt. Auch an eine Erdung wurde nicht gedacht. Leider lässt sich die Sache nicht mehr rückgängig machen – zumindest will dafür niemand die finanzielle Verantwortung übernehmen. Und so bleibt es dabei. Was sind schon 1000 Volt? Natürlich, der eine oder andere beschwert sich. Die Sorge sei unbegründet, heißt es dann. Eine Spannung von 1000 Volt verursache wegen der geringen Ladung nur kleine Stromstöße. Auch wenn solche Stromstöße nicht völlig ohne Risiko sind. So oder so: Niemand käme auf die Idee, wegen des fehlerhaften Brückengeländers den Sinn und Zweck der Brücke selbst anzuzweifeln.

Als der Club of Rome 1972 seinen Bericht »Grenzen des Wachstums« veröffentlichte, ahnte noch niemand, wie nachhaltig die damit angestoßene Diskussion um die Zukunft der Welt anhalten würde. Dabei ist *Nachhaltigkeit* selbst zu einem zentralen Begriff aller Zukunftsdebatten geworden. Seitdem heißt es, die Welt kann nicht bleiben, wie sie ist. Das gilt unter anderem auch für Umweltfragen: Wir müssen handeln, mahnt uns der

Bericht, anderenfalls drohen Klima- und Umweltkatastrophen sowie Ressourcenkonflikte unvorstellbaren Ausmaßes. Wohlgemerkt: Die Partei Die Grünen gab es damals noch nicht, und die Worte Klima und Energie waren in unseren Köpfen noch keinen assoziativen Zwangsverband mit Bioläden, Ökotragetaschen und erdgasbetriebenen Fahrzeugen eingegangen.

Erst Später nahm sich die Politik dieses Themas an. Es entstanden inner- und außerparlamentarische Bewegungen, Umweltverbände und Naturschutzorganisationen. Das musste so sein, denn die Politik ist der Bereich gesellschaftlichen Handelns. Doch was derzeit in puncto Klima und Energie geschieht, lässt sich kaum mehr als Handeln beschreiben – eher als das Gegenteil. Ein Jahr vor der anstehenden Bundestagswahl im Herbst 2013 hat sich die Energiepolitik in Deutschland in ein Schlachtfeld verwandelt. Ein Schlachtfeld, auf dem laut gestritten und dabei jegliches Handeln blockiert wird. Es tobt ein *Kampf um Strom*, in dem vernünftige Entscheidungen kaum mehr möglich scheinen. Davon erzählt dieses Buch. Im Vordergrund steht die Fehde, die Politiker, Lobbyisten, Ökologen und andere sich seit geraumer Zeit liefern. Es geht um eine Debatte, die in den Medien gezielt lanciert wird, damit so mancher Energieunternehmer hinter den Kulissen unbeobachtet Fakten schaffen kann. Die Ingredienzien dieser Auseinandersetzungen sind bekannt: Macht und Einfluss, Pfründe, die verteidigt oder neu verteilt werden müssen – und natürlich geht es um Geld.

Im Schlachtengetöse um das richtige Energiekonzept ist die Lage ziemlich unübersichtlich geworden. Richtig und Falsch, Gut und Böse, Sinn und Unsinn sind hier kaum mehr zu unterscheiden. Sind die Zusammenhänge nicht völlig undurchschaubar, viel zu komplex, und ist es deshalb nicht nahezu unmöglich zu entscheiden, wer recht hat und was richtig ist?

Sollen wir den Ausstieg aus der Atomenergie und die Energiewende für eine kluge, langfristig orientierte Politik oder aber für eine Bedrohung unserer Zukunft halten?

Im Prinzip ist die Sache unglaublich einfach: Drei Fakten reichen aus, um den Kern der Zusammenhänge zu verstehen. Erstens: Fossile Ressourcen wie Öl, Gas und Kohle sind endlich. Sie werden knapper, und irgendwann wird der weltweit steigende Energiebedarf durch sie nicht mehr zu decken sein. Große Länder wie Indien und China, in denen erst allmählich eine vollständige Industrialisierung stattfindet, werden ihren Energieverbrauch in den nächsten Jahrzehnten noch gewaltig steigern.

Zweitens: Das Verbrennen fossiler Ressourcen verursacht Treibhausgase, die das Klima gefährden. Doch auch die weltweit produzierten Treibhausgase steigen immer noch an.

Drittens: Erneuerbare Energien versprechen akzeptable Lösungen für beide Probleme. Sie sind unendlich (Sonne und Wind gibt es immer), und sie verursachen weitestgehend (mit Ausnahme von Biomasse) keine Treibhausgase.

Die Lösung scheint nach diesem Dreischritt klar: Wir sollten auf erneuerbare Energien setzen. Doch es gibt Einwände. Ist die Energiegewinnung aus neuen Quellen nicht viel zu teuer? Können wir uns das leisten? Und ist die Versorgung mit grünem Strom wirklich sicher? Stecken die Technologien alternativer Energiegewinnung nicht erst in den Kinderschuhen?

Kurzfristig muss man sagen: Ja, die Versorgung mit erneuerbaren Energien kann nicht von heute auf morgen technisch umgesetzt werden. Es müssen Wind- und Solarparks, aber auch Netze zur Verteilung des Stroms gebaut werden. Es gilt, Wege zu finden, wie man den Strom speichern kann, der an wind- und sonnenreichen Tagen zu viel und an anderen Tagen zu wenig produziert wird. Das alles, so weiß man nach rund 30 Jahren Forschung im Bereich erneuerbare Energien, ist machbar. Es wird jedoch noch einige Jahre dauern und kostet zunächst einmal Geld. Insofern lautet auch die Antwort auf die Frage nach der Finanzierung vorerst: Ja, es stimmt. Das Umrüsten auf erneuerbare Energien kostet. Und dann stimmt es doch wieder nur zum Teil: Zwar ist die Entwicklung neuer Technologien anfangs immer teuer, doch handelt es sich bei diesen Kosten um Investitionen, die sich später wieder auszahlen. Noch sind die alten Kohle-, Gas- und Atomkraftwerke im Vorteil, denn sie haben eine Laufzeit von bis zu 60 Jahren und liefern so Strom zu vergleichsweise niedrigen Produktionskosten. Doch auch die Stromgewinnung aus erneuerbaren Quellen steht längst nicht mehr ganz am Anfang. Und Preise ändern sich schnell – die meisten Technikinnovationen gehen den Weg vom Luxusartikel zur Massenware. Ein Mercedes kostete zu Beginn des 20. Jahrhunderts 17 000 Goldmark. Nach heutigen Maßstäben waren das 100 000 Euro – für ein Auto, das nicht viel mehr zu sein schien als ein Dreirad. Das erste Mobiltelefon war so groß wie ein Knochen, kostete aber umgerechnet bis zu 1600 Euro. Damals galt es noch als spektakulär, dass man drahtlos, wo man ging und stand, telefonieren konnte. Das war 1992. Heute nutzen wir Smartphones für E-Mails, Kochrezepte, Urlaubsfotos und als Wörterbuch – zu einem Drittel des Preises oder weniger. Und während die Preise neuer Technologien stürzen, werden die Produkte ständig besser. Niemand hätte sich vor 20 Jahren vorstellen können, was heute technisch möglich ist. Dass etwa Daten, deren Speicherung anfangs riesige, raumfüllende Computer erforderte, kurze Zeit später auf einen daumennagelgroßen Chip passen würden. Dieselbe Entwicklung ist auch im Bereich der erneuerbaren Energien festzustellen. Gerade im Hinblick auf die Speicherung des grünen Stroms, die viele für völlig unmöglich halten, wurden manche Wege bisher noch gar nicht erforscht. Insgesamt jedoch haben die Ökostromtechnologien das Stadium des Dreirads längst hinter sich gelassen. Nach fast drei Jahrzehnten Forschung sind sie mindestens beim Mercedes der 1950er Jahre angelangt. Das ist kein schlechter Stand, aber es gibt noch Spielraum nach oben. Schon jetzt ist abzusehen, dass der grüne Strom mittel- und langfristig noch billiger wird und dass gleichzeitig die Technologien zur Produktion, Speicherung und Verteilung immer besser werden. Und das mit hundertprozentiger Garantie: Sonne und Wind sind nicht nur unendlich vorhanden, sondern auch kostenlos verfügbar, während die Ressourcenknappheit die Öl-, Gas- und Kohlepreise in die Höhe treiben wird. Die umweltfreundlichere und zugleich nachhaltigere Energieversorgung ist also nicht nur technisch machbar, sondern auch noch billiger als die konventionelle. Ist da nicht alles »im grünen Bereich« – im wahrsten Sinne des Wortes?

Tatsächlich gibt es allen Grund, optimistisch zu sein: Im Jahr 2011 verabschiedete die EU eine verbindliche Roadmap, die vorsieht, dass alle Staaten den Anteil der erneuerbaren Energien an ihrer Stromversorgung bis zum Jahr 2050 auf 80 Prozent erhöhen. Damit leitete die Politik in Europa einen Prozess ein, der einen vollständigen Umbau der Energieversorgung zum Ziel hat. In absehbarer Zukunft sollen $CO_2$-emittierende Kohlekraftwerke – in Deutschland auch die Atomkraftwerke – durch umweltverträglichere Energien ersetzt werden, an denen die erneuerbaren einen hohen Anteil haben. – Wo also liegt das Problem? Wieso ist Deutschlands Energieversorgung in Gefahr? Was spricht dagegen, den begonnenen Umbau in der geplanten Weise fortzusetzen?

Gegen Neuerungen sprechen immer zwei Dinge: erstens der alte Besitzstand. Und zweitens: die grundsätzliche Angst des Menschen vor dem Neuen. Wer an der herkömmlichen Energieversorgung gut verdient, wird alles gegen Veränderungen tun, die seine Position gefährden. Für die Energieversorger, die auf fossile Brennstoffe und Atomkraft setzen, stellen Ökostromanbieter eine ernst zu nehmende Konkurrenz dar. Und so kommt es, dass diejenigen, die im Energiemarkt bestens aufgestellt sind, alles tun, um bei den Menschen – ihren Kunden – die Angst vor Neuerungen zu schüren. Das ist eine ihrer stärksten Waffen im *Kampf um Strom*. Die anderen, das sind die Politiker, die es zu überzeugen gilt. Denn am Ende entscheidet der Wähler.

Die Lobby der großen Energieversorger und ihre politischen Vertreter überschütten uns mit irreführenden Behauptungen und Fehlinformationen. Diese Vorgehensweise wird einerseits flankiert von Polemiken, die längst überwunden geglaubte Ressentiments wiederbeleben. Andererseits ist sie unterfüttert von wissenschaftlichen Studien, in denen die Daten im eigenen Interesse gerechnet und gedeutet werden. So werden wir manipuliert und fangen an, den abschreckenden Horrorszenarien von der Ökostromkatastrophe Glauben zu schenken. Es ist beängstigend, wie erfolgreich diese Strategie in den letzten

Monaten aufging. Es ist ebenso beängstigend, dass eine vernünftige Politik, die nicht nur den großen Umweltproblemen unserer Zeit begegnet, sondern zudem die Wirtschaft stärkt, neue Arbeitsplätze schafft und Deutschland weltweit zum Technologiemarktführer machen kann – dass diese Politik von geldmächtigen, aber zahlenmäßig geringen Lobbyisten torpediert wird.

Der Prozess, die Energieversorgung eines ganzen Landes, gar eines ganzen Kontinents umzubauen, ist langwierig und mit großen Risiken behaftet. So schön, wie die sonnen- und winddurchflutete Energiezukunft uns am Ende scheinen mag – es ist ein weiter Weg dorthin, der große Anstrengungen erfordert.

Diesem Prozess droht Gefahr, weil es Kräfte gibt, die versuchen, ihn auf halber Strecke zu unterwandern. Anstatt sich ihrer Aufgabe zu widmen, lassen sich Verantwortliche in der Politik von den Gegnern der Energiewende zu Rückwärtsschritten zwingen. Jene, die schon immer gegen die Umstellung der Energieversorgung waren, machen heute so viel Lärm, dass es ihnen zunehmend gelingt, den bereits begonnenen Umbau zu bremsen, um ihn am Ende vielleicht ganz zu stoppen.

Und es droht Gefahr, weil die Gegner der Energiewende dabei zunehmend Erfolg haben: Immer mehr Menschen glauben das Märchen vom teuren Ökostrom. Plötzlich ist überall die Rede davon, dass der Prozess zu schnell gehe, dass die Ziele nicht erreichbar seien und Deutschland Versorgungsengpässe zu erwarten habe. Das Scheitern wird als Bedrohungsszenario an die Wand gemalt. In leuchtendem Rot steht dort: Der Umbau wird teuer, und wir riskieren Blackouts und Chaos. Die Buchstaben dieses Menetekels sind so groß, dass immer mehr Menschen dies alles für eine reale Bedrohung halten.

Nun könnte man sagen, dass sich Lügen und Halbwahrheiten auf Dauer nicht halten. Sollte an der ganzen Panikmache nichts dran sein, wird sich das Neue gegen den Widerstand des Alten schon irgendwann durchsetzen. – Das ist richtig. Doch, und das wissen die Akteure genau: Indem sie auf Zeit spielen, schaffen sie unter der Hand Fakten. Während den grünen Energien die Förderung gekappt und der Ausbau der erforderlichen Netze verzögert wird – was den gesamten Umstellungsprozess gefährdet –, bauen die großen Konzerne Kohlekraftwerke. Diese haben wiederum eine Laufzeit von 40 bis 60 Jahren. Wenn aber der Energiebedarf durch die neuen Kraftwerke gedeckt ist, gibt es bald, in gut zehn Jahren, keinen Grund mehr, Geld in andere Energieformen zu investieren.

Obwohl es nicht wahrscheinlich ist, dass in Deutschland de facto die Lichter ausgehen, besteht Anlass zu großer Sorge: Die nächsten zehn Jahre werden darüber entscheiden, *wie* unsere Stromversorgung in Zukunft aussehen wird. Werden wir große Kohlekraftwerkparks haben und bald in Treibhausgasen ersticken? Werden wir unser Geld weiter in die aufwendige Suche nach Endlagern für Atommüll investieren? (Das Entsorgungsproblem ist noch nicht annähernd so weit gelöst wie das der angeblich so unterentwickelten Technologien zur ökologischen Stromproduktion.) Werden wir, abhängig von fossilen Brennstoffen, einen Anstieg von Öl-, Kohle- und Gaspreisen auf dem Weltmarkt erleben, der immer weiter steigende Strompreise nach sich zieht?

Gefahr droht auch, weil jede Verzögerung, jede Sabotage dem Prozess des Energieumbaus schadet. Das, was im Moment passiert, ist die schlechteste aller Lösungen: Jede Energiepolitik, auch die, die auf Atom-, Kohle- oder Gaskraftwerke setzt, wäre

besser, wenn sie ihre einmal gesteckten Ziele konsequent wei-
terverfolgen würde. Es kann keine gute Politik sein, den Ausstieg aus der Atomkraft erst zu beschließen (2000), dann vom
Ausstieg auszusteigen (2010), nur um ein halbes Jahr später
auch diese Kehrtwende wieder rückgängig zu machen. Es kann
nicht gut sein, 18 Monate nach Beschluss der Energiewende den
dafür verantwortlichen Minister in die Wüste zu schicken und
sein Konzept still und heimlich wieder einzudampfen. Seinem
Nachfolger, Peter Altmaier, gab der Bundesverband der Deutschen Industrie (BDI) in einer Stellungnahme kurz nach seiner Ernennung den Rat mit auf den Weg, er solle »bloß nicht
den Röttgen machen«. Natürlich hat Politik mit Widerständen
zu kämpfen. Aber sie sollte selbst auch noch kämpfen können,
und zwar mit den ihr zur Verfügung stehenden Mitteln der
Kommunikation und der Entscheidungsgewalt. So muss es nun
also heißen: Egal was man tut, man sollte entschlossen handeln.

Der *Kampf um Strom* ist im letzten halben Jahr härter und
aggressiver geworden. Mit aller Macht versuchen die Kontrahenten, anstehende politische Entscheidungen in ihrem Sinne
zu beeinflussen. Das geschieht einerseits hinter den Kulissen,
wo Lobbyisten das übliche Strippenziehertheater veranstalten.
Doch es reicht nicht aus, sich die Politik gewogen zu machen,
mit welchen Mitteln auch immer. Die nächsten Wahlen stehen
an, und so wird es immer notwendiger, dem Wähler als »gut für
alle« zu verkaufen, was vielleicht nur gut für wenige ist. Denn
bei allem Einfluss des Geldes ist die Macht des Wählers nicht
zu unterschätzen. Bisweilen blitzt sie deutlich auf, zum Beispiel angesichts der Hast, mit der die schwarz-gelbe Regierung
kurz nach der Atomkatastrophe in Japan die Hälfte unserer

Atomkraftwerke abschaltete, nachdem sie sich jahrzehntelang für deren Erhalt eingesetzt hatte. Der damalige Bundesumweltminister Norbert Röttgen soll gesagt haben, dass diese Kehrtwende so schnell entschieden werden musste, weil sie sonst vor allem von den Lobbyisten verhindert worden wäre. Auch die einberufene Ethikkommission unter der Leitung von Klaus Töpfer sprach sich nach langen Anhörungen für die Rücknahme der Laufzeitverlängerung aus, obwohl längst nicht alle Mitglieder einhellig für diese Empfehlung waren. Schon im Vorhinein war die Zusammensetzung dieser Kommmission heftig umstritten. Der Bundesumweltminister und auch die Kanzlerin hatten meine Person vorgeschlagen, doch die FDP sträubte sich dagegen. Ein deutlicheres Beispiel für die politische Einflussnahme auf ein angeblich neutrales Gremium gibt es kaum.

Japan selbst hat sich für den Ausstieg aus der Atomenergie immerhin noch eineinhalb Jahre Zeit gelassen und diesen erst im September 2012 beschlossen. Einer Meldung vom 14. September 2012 zufolge sollte dieser Prozess bis 2030 abgeschlossen sein. Doch schon am 19. September, nicht einmal eine Woche später, titelte *Spiegel Online*: »Lobbyisten bremsen Japans Energiewende aus«. Und im Untertitel hieß es: »Ist das der Ausstieg aus dem Ausstieg?« – Kommt Ihnen das irgendwie bekannt vor?


Auf dem Dreikönigstreffen der FDP im Januar 2012 verglich Philipp Rösler den Club of Rome mit den Zeugen Jehovas: Beide predigten ständig Weltuntergangsszenarien, die immer wieder verschoben werden müssten, da sie nie eintreten. Wer von Wachstumsgrenzen und Verzicht spricht, dem bescheinigte Rösler Zukunftsverzagtheit und Mimosentum. Es ist ein bisschen so, als würde der Erste Offizier auf der *Titanic* den Kapitän und die gesamte Mannschaft, die gerade den vor ihnen auftauchenden Eisberg entdeckt haben, einer pessimistischen Sicht auf die Zukunft bezichtigen. »Nicht bremsen!«, ruft Rösler. Mit der Parole »Mehr Wachstum« will er der FDP neues Profil verleihen.

Dennis Meadows, der zu den frühen Mitgliedern des Club of Rome gehört, gestand mir in einem Gespräch, er sei erschüttert über den Widerstand, auf den alle Bemühungen um eine nachhaltige Politik treffen. Seit die Wissenschaftler mit ihrem Bericht von 1972 das erste Mal auf die Grenzen des Wachstums hingewiesen haben, habe er 40 Jahre lang immer wieder mit ansehen müssen, wie sich mächtige Wirtschaftslobbyisten und rückwärtsdenkende Politiker mit allen Mitteln gegen ein Umdenken zur Wehr setzen; unter anderem, indem sie den Klimawandel leugnen und die Überbringer der Botschaft verunglimpfen. Meadows' besorgte und auch etwas resignierte Rückschau bestätigte, was ich gerade mit eigenen Augen beobachte: Längst schien die Energiewende auf einem guten Weg, da wird auf einmal so massiv gegen das Projekt Propaganda gemacht, dass die Stimmung in der Bevölkerung zum ersten Mal zu kippen droht. Inzwischen machen sich Unsicherheit und Zukunftsangst breit. Kurioserweise scheint der Ökostrom-Umbau den Menschen neuerdings größere Sorge zu bereiten als die Bedrohungen durch Klimawandel und Umweltschäden (etwa durch Reaktorkatastrophen wie in Fukushima) oder der weltweite Zusammenbruch des Wirtschafts- und Finanzsystems.

Die Zukunft ist ungewiss, und diese Ungewissheit öffnet der Spekulation Tür und Tor. Dazu gehören auch die vielen Zahlen, die uns präsentiert werden, um die Zukunft zu beschreiben: Die einen rechnen den wirtschaftlichen Untergang Deutschlands herbei, die anderen versuchen verzweifelt, dagegenzuhalten. Anstelle sachlicher Diskussionen, in denen gute Argumente zählen, erleben wir zunehmend medial inszenierte Auseinandersetzungen von Experten, die einander mit einer Flut von Studien attackieren und dabei oft mehr zur Verdunkelung als zur Klärung beitragen. Das ist von manchen durchaus gewollt: Der Zuschauer soll nicht verstehen, er soll glauben. Die Agentur für Erneuerbare Energien nahm sich vor kurzem selbst der Zahlenproblematik an: Am 14. August 2012 veröffentlichte sie einen Bericht, in dem Studien der vergangenen drei Jahre verglichen wurden. Die Berechnungen dieser Studien treffen – beruhend auf Annahmen für das Jahr 2030 – Voraussagen über die Preisentwicklung bei fossilen Energien. Ihre Ergebnisse weichen bis zu 150 Prozent voneinander ab. Wo Annahmen dermaßen weit auseinanderliegen, führen sie zwangsläufig zu extrem unterschiedlichen Ergebnissen.

Zahlen allein enthalten keine sinnvoll zu bewertenden Informationen. Solange wir nicht wissen, mit welchen Faktoren gerechnet wurde, und solange wir nicht einschätzen können, wie realistisch solche Faktoren sind, nutzen uns die Ergebnisse nichts. Der Studienvergleich der Agentur für Erneuerbare Energien führt uns dies vor Augen: Einige der untersuchten Gutachten gingen in ihren Berechnungen für die nächsten zehn Jahre von einem Importpreis für Rohöl aus, der schon im Jahr 2011 deutlich übertroffen wurde. Sie prognostizierten, dass es beim Ölpreis eher zu Stagnationen oder sogar Senkungen kommen wird, und kamen so zu einem für die fossilen Brennstoffe günstigen Ergebnis. Und das, obwohl die Erfahrungen der vergangenen Jahrzehnte bewiesen haben, wie unrealistisch ein solches Szenario ist. Niemand glaubt ernsthaft, dass der Ölpreis in den nächsten Jahren dauerhaft fallen wird. Solange uns solche Studien jedoch immer nur die Ergebnisse der Rechnung präsentieren, sind wir geneigt, ihnen zu vertrauen. Da heißt es dann: Man hat errechnet, dass die fossilen Brennstoffe in den nächsten 30 Jahren vergleichsweise billig sein werden, während der Preis für Ökostrom immer weiter steigen wird. – Und irgendwann glauben wir dann diese Argumente.

Gleiches gilt ebenso für die Gegenseite: Auch die Lobby der erneuerbaren Energien rechnet mit Annahmen, die für ihre Ziele günstig sind. Beide Seiten sehen sich mit der Schwierigkeit konfrontiert zu beurteilen, wie realistisch eine Prognose die Zukunft beschreiben kann. Aus dem Dilemma, dass alle Rechnungen mit Annahmen verbunden sind, die etwas über die Haltung des Rechnenden aussagen, komme auch ich als Wissenschaftlerin und Autorin nicht heraus. Mich hat meine langjährige Analyse der Fakten – aus der Vergangenheit wie auch der Prognosen – zu der Schlussfolgerung geführt, dass der Ausbau der erneuerbaren Energien auf Dauer sowieso erforderlich sein wird und ein möglichst zügiger Ausbau wünschenswert ist, um uns unabhängig von Energieimporten zu machen und die schlimmsten Gefahren des Klimawandels zu vermeiden. Daher bin ich jetzt nicht mehr neutral und unternehme mit diesem Buch den schwierigen und vielleicht sogar fragwürdigen Versuch, eine Auseinandersetzung zu beschreiben, zu deren Protagonisten ich selbst gehöre. Angesichts dieser Situation scheint es geboten, meine Absichten besonders deutlich zu machen: Seit Beginn meiner Tätigkeit am Deutschen Institut für

Wirtschaftsforschung (DIW) im Jahr 2004 werden meine Forschungsergebnisse stark von der Öffentlichkeit wahrgenommen. Inzwischen hat das Thema Energiewende die Medien in ihrer gesamten Breite erreicht, und die öffentliche Diskussion verstärkt sich zunehmend. In meinen beiden letzten Büchern – *Die andere Klima-Zukunft* und *Jetzt die Krise nutzen* – ging es mir darum, wissenschaftliche Forschungsergebnisse einem breiten Publikum verständlich zu vermitteln. Besonders gefreut habe ich mich, dass mir für dieses Engagement 2011 die Urania-Medaille verliehen wurde. Diese Auszeichnung sowie die zahlreichen positiven Rückmeldungen aus der Bevölkerung haben mich nachhaltig darin bestärkt, mich auch weiterhin als Wissenschaftlerin in die öffentliche Diskussion einzubringen. Der Laudator Klaus Töpfer sagte den aus meiner Sicht bemerkenswerten Satz, dass insbesondere der Pragmatismus und die Unaufgeregtheit, mit der ich beharrlich für die Energiewende eintrete, wichtig seien. Aus diesem Grund habe ich mich entschlossen, dieses Buch zu schreiben. Natürlich ärgere ich mich auch über die Gegner der Energiewende. Dennoch will ich mit dieser Publikation zur Versachlichung beitragen. Sie ist daher nicht als wissenschaftliche oder populärwissenschaftliche Abhandlung zu verstehen, sondern als argumentative Auseinandersetzung mit den Thesen und Schlachtparolen der Gegenseite. Manche von ihnen sind beinahe schon zu Mythen geworden: Ist Ökostrom ein Luxusgut? Betreiben wir mit dem Gesetz über erneuerbare Energien Planwirtschaft? Drohen Deutschland Blackouts, und rollt eine Tsunami-Welle von Kosten auf uns zu?

Mit diesen Behauptungen, die sich hartnäckig durch die Debatte ziehen, setze ich mich im vorliegenden Buch auseinander. Seine Kapitel sind mit den Thesen oder, besser gesagt, den Mythen der Gegenseite überschrieben. Diese Glaubenssätze werden jeweils im Detail untersucht, wobei die zum Teil notwendigen Zahlen, auf die ich mich berufe, durch eine nachvollziehbare Argumentation veranschaulicht werden.

Die Energiewende, die Umstellung unserer Stromversorgung auf erneuerbare Energien, ist ein Projekt gewaltigen Ausmaßes. Und auch hier stellt sich die Frage: Beschränken sich die Schwierigkeiten, um beim Beispiel der eingangs erwähnten Schöneberger Brücke zu bleiben, auf einzelne Bauteile, wie das Geländer oder die verwendeten Materialien, oder muss man gleich das Projekt selbst verteufeln? Richtet sich die vielerorts vernehmbare Kritik an bestimmten Technologien gegen die Art und Weise der Finanzierung oder aber gegen Fehler in Planung und Durchführung?

Am Ende, wenn die Interessen und Motive klarer sind, ist es immer auch eine Glaubensfrage. Denn, das soll hier nicht verschwiegen werden, der Umbau der Energieversorgung stellt uns auch vor Probleme. Und auch alternative Energiequellen sind mit Nachteilen verbunden. Es tauchen neue Fragen auf: Wollen wir riesige Pumpspeicherwerke mitten in bisher unberührter Natur? Wollen wir Stromautobahnen, die sich durch das ganze Land ziehen? Es wird eine Frage der Zeit sein, diese Probleme zu lösen.

In der Sache bleibt die Bewertung der Vor- und Nachteile jedem selbst überlassen. Einerseits. Andererseits muss es uns als Gesellschaft gelingen, uns für einen Weg zu entscheiden. Dieser Prozess ist mühsam, und Streit und Zwist gehören dabei zur Tagesordnung. Das ist normal.

Nicht normal, sondern in hohem Maße beunruhigend ist, was in einem Bericht der ARD-Sendung »Monitor« am 10. September 2012 so formuliert wurde: »Politik muss beeinflusst werden. Das ist nicht verwerflich, denn nur so können gute Entscheidungen entstehen, beim Streit über den besten Weg. Wenn aber das Geld darüber bestimmt, wer am Ende gehört wird, dann ist das der Ausverkauf der Demokratie.« Die Gegner der Energiewende bilden eine geldmächtige Lobby. Sie sind dadurch lauter und einflussreicher als die Lobby ihrer Befürworter. In ihrem zunehmenden Erfolg sehe ich eine Gefahr – und einen wesentlichen Grund, dieses Buch zu schreiben.

# 1. Die Energiewende ist bis 2022 nicht zu schaffen

Montag, den 17. September 2012, 10:55 Uhr: Angela Merkel lädt zu ihrer großen Pressekonferenz. Bei dieser jährlichen Veranstaltung gibt die Kanzlerin Auskunft zu allen wichtigen innen- und außenpolitischen Fragen. In der anschließenden Berichterstattung der Medien ist viel die Rede davon, wie sicher Merkel im siebten Jahr ihrer Amtszeit in sich ruht, wie souverän sie das Corps der versammelten Journalisten mit ihren Gesten dirigiert. Niemandem fällt auf, welcher Fehler ihr unterläuft, als sie ein paar Sätze zur Energiewende sagt. »Ich bin davon überzeugt, dass wir die Energiewende schaffen. Wir haben ja erst ein Jahr hinter uns und noch zehn, elf Jahre, in denen wir die Ziele erreichen können, die wir uns gesteckt haben.« Noch zehn, elf Jahre? Das nenne ich einen echten Propagandaerfolg! Einen Erfolg derer, die die Energiewende verhindern wollen. Eine der Behauptungen, mit der die Gegner der Wende derzeit die größte Wirkung erzielen, lautet: Der Zeitplan ist zu eng. Bis 2022 schaffen wir den Umbau unserer Energieversorgung nicht. Es ist wie bei der Werbung: Wir halten uns für aufgeklärte, selbstbestimmte Konsumenten. Doch diese Annahme ist falsch: Das Unterbewusstsein nimmt die Botschaften auf, die uns von jedem Plakat entgegenleuchten, und letztendlich beeinflussen sie dann doch unser Kaufverhalten. Das Beispiel Angela Merkel beweist: Die ständige, gebetsmühlenartige Wiederholung von Unwahrheiten wirkt. Im Konzept zur Energiewende sind Ziele zum Ausbau erneuerbarer Energien formuliert, die sich auf das Jahr 2050 beziehen – auf 2050! Doch selbst die Kanzlerin, die das Konzept mit verabschiedet hat, glaubt inzwischen, es seien nur noch zehn, elf Jahre Zeit. Die Wahrheit ist: Bis 2050 sind es noch 38 Jahre.

In der Behauptung, die Energiewende sei bis 2020 nicht zu schaffen, steckt noch ein weiterer Irrtum – und auch diesen hat die Kanzlerin unbewusst – oder vielleicht sogar absichtlich? – übernommen: Das besagte Konzept wurde im Herbst 2010 beschlossen, also bereits vor zwei Jahren. Wenn Merkel davon spricht, dass wir ja erst ein Jahr hinter uns haben, dann bezieht sie sich vermutlich auf das Frühjahr 2011 – den Zeitpunkt, an dem die schwarz-gelbe Koalition nach der Atomkatastrophe in Japan über Nacht beschloss, die deutschen Atomkraftwerke abzuschalten. Sie verwechselt also die Energiewende mit dem Atomausstieg. Das mögen bei der Kanzlerin Flüchtigkeitsfehler sein – in der Pressekonferenz sah man sie denn auch kurz zögern, als sie versuchte, sich an die richtigen Zahlen zu erinnern. Diesen Fehlern wird jedoch seit langem durch die Medien Vorschub geleistet. Es handelt sich um bewusst gestreute Falschinformationen, die uns suggerieren sollen: Die Umstellung auf ökologischen Strom ist überhastet und kurzfristig gestrickt – hier läuft etwas schief, wir müssen aus der Energiewende aussteigen! Es ist ein eindrucksvolles Beispiel dafür, wie etwas Wirklichkeit wird, wenn man es nur oft genug wiederholt. Inzwischen glaubt es selbst die Kanzlerin.

In den Medien tauchen immer wieder Berichte auf, in denen die Energiewende als Folge des Ausstiegs aus der Atomenergie dargestellt wird. Als eine übereilte, panikartige Reaktion auf das Reaktorunglück in Fukushima. Die Gegner verunglimpfen mit dieser Darstellung die Energiewende als Kurzschlussreaktion, als hochemotionale Entscheidung und eine von der Angst der Bevölkerung beherrschte Politik, die nur auf die nächsten Wahlen schielt und dabei fahrlässig die Sicherheit der Stromversorgung in Deutschland aufs Spiel setzt.

Doch diese Darstellung ist falsch. Tatsächlich müssen zwei verschiedene Geschichten erzählt werden.

## Das Ziel 2022: Der Atomausstieg

Die eine handelt vom Ausstieg aus der Atomenergie: Dieser ist ein Kernstück rot-grüner Politik, das die Regierung unter Gerhard Schröder im Jahr 2000 aushandelte. Die damalige Bundesregierung traf mit den Energieversorgungsunternehmen eine Vereinbarung, die 2002 rechtskräftig wurde und den endgültigen Ausstieg aus der Atomenergie besiegelte. Der letzte Meiler sollte voraussichtlich 2021 vom Netz gehen. Für jedes Atomkraftwerk wurden damals sogenannte Reststrommengen festgelegt, die es von nun an noch produzieren durfte. Bei einer Unterbrechung der Produktion hätte sich daher der Zeitpunkt der jeweiligen Abschaltung nach hinten verschoben. Auch wenn die anvisierte Jahreszahl dadurch nur eine ungefähre Zielmarke sein konnte, änderte dies jedoch nichts an der prinzipiellen Endgültigkeit des Ausstiegs. Die alte Bürgerbewegung mit ihrem Button »Atomkraft? – Nein danke!« war damit am Ziel: In Zukunft sollte sich die Energieversorgung in Deutschland aus anderen Quellen speisen. Seit diesem Beschluss von 2000 bzw. 2002 wussten die Verantwortlichen in der Politik und bei den Energieversorgern, dass sie die knapp

25 Prozent des Stroms, die bisher durch Atomkraftwerke bereitgestellt werden, ersetzen müssen – in einem Zeitraum von 20 Jahren. Eine durchaus machbare Aufgabe und keineswegs Folge einer kurzfristigen, überhasteten oder panikartigen Planung.

Der Satz »Die Energiewende ist bis 2022 nicht zu schaffen« ist also einerseits deshalb falsch, weil alle Regierungsbeschlüsse, die sich auf das Jahr 2022 beziehen, nicht die Energiewende, sondern den Atomausstieg betreffen.

Die andere Geschichte, die von der Energiewende, trägt die Handschrift der schwarz-gelben Koalition: Als diese im Herbst 2010 ein entsprechendes Konzept zum Ausbau erneuerbarer Energien beschloss, verlängerte sie jedoch im gleichen Atemzug die Laufzeit für Atomkraftwerke. Damit machte sie den Ausstieg aus der Atomenergie wieder rückgängig. Dann, nach dem Reaktorunglück in Fukushima, gab es eine erneute Kehrtwende – den Ausstieg vom Ausstieg vom Ausstieg. Angesichts dieses Taumelkurses verwundert es nicht, dass seither in der Energiepolitik einiges durcheinandergewirbelt wird.

Doch bleiben wir zunächst kurz bei der Frage, ob denn diese in der Tat überhastete Rückkehr zur endgültigen Abschaltung aller Atomkraftwerke unser Land 2022 in Dunkelheit stürzen wird – weil der Strom, den diese Werke liefern, so schnell nicht ersetzbar sei, wie manche behaupten.

Der Anteil, den die Atomkraftwerke zur Gesamtmenge unseres Stromverbrauchs beitragen, beträgt heute, im Jahr 2012, knapp 20 Prozent. Der Anteil aus erneuerbaren Energien liegt aktuell bei etwa 25 Prozent. Wollten wir die Kernenergie durch erneuerbare Energien ersetzen, müsste ihr Anteil in zehn Jahren auf 35 Prozent des Gesamtverbrauchs ausgebaut werden. Bereits zwischen 2007 und 2012, also in nur fünf Jahren, wurde genau diese Steigerungsrate erzielt. Und es ist nicht nur längst klar, dass sogar ein schnellerer Ausbau möglich ist: Im Moment sieht es gar so aus, dass wir den derzeitigen Ausbau bremsen müssten, wenn wir bis 2022 den Anteil der erneuerbaren Energien »nur« auf 35 Prozent erhöhen wollten. Nun gut, hören wir die Rufe der Kassandra: Was nutzen uns die großen Strommengen aus Wind- und Solarenergie, da wir sie ja noch nicht speichern und transportieren können? Darauf werde ich in Kapitel 4, das sich mit dem Mythos drohender Blackouts beschäftigt, noch ausführlich zu sprechen kommen. An dieser Stelle sei nur gesagt: Einerseits haben wir noch zehn Jahre Zeit, Speicherkapazitäten und Verteilernetze auszubauen, andererseits kann der Atomstrom auch durch andere Energieträger, wie etwa Kohle- oder Gaskraftwerke, ersetzt werden. Das ist auch allseits bekannt. Die Frage, wie wir den aus Atomenergie gewonnenen Strom ersetzen, ist also nicht zwangsläufig mit der Frage nach grünem Strom verbunden. Nachdem die Bundesregierung mit dem Atommoratorium vom Frühjahr 2011 die Abschaltung der Atomkraft bekannt gegeben hatte, beharrte die Atomlobby jedoch darauf, dass die deutsche Energieversorgung das nicht verkraften würde. Ihr politischer Gehilfe, Wirtschaftsminister Philipp Rösler, schlug deshalb vor, einige der abgeschalteten Atommeiler im Stand-by-Modus zu halten. Daraufhin überprüfte die Bundesnetzagentur den Sachverhalt erneut und verkündete in einer Pressemitteilung am 31. August 2011, dass »auch im Fall außergewöhnlicher Störungen das Übertragungsnetz ohne Einsatz eines Reservekernkraftwerks beherrschbar bleibt«. – Was auch immer andere behaupten mögen: Es gibt keinen Grund zur Panik wegen der abgeschalteten Meiler.

## Das Ziel 2050: Die Energiewende

So weit die Lage in Sachen Atomausstieg. Die Geschichte der Energiewende ist länger und komplizierter. Wenn neue Ideen auf den Plan treten, erscheinen sie häufig radikal und abwegig und werden schnell als unrealistische Träume von Spinnern abgetan. Manche Ideen, wie die von der Demokratie als Herrschaft eines souveränen, seine Regierungsvertreter wählenden Volkes, benötigten Jahrhunderte, um Wirklichkeit zu werden, und eine kaum zu beziffernde Zahl von Menschen landete vorher in Gefängnissen oder bezahlte mit dem Leben dafür. Als das Öko-Institut 1980 ein Buch mit dem Titel *Energiewende – Wachstum und Wohlstand ohne Erdöl und Uran* veröffentlichte, erschien die Idee einer umweltfreundlichen Politik noch als revolutionär – und hatte wenig Aussichten auf Erfolg. Diese neue Idee wurde zunächst von Menschen vertreten, die ihre Herkunft aus der außerparlamentarischen Opposition durch das Tragen von Turnschuhen und das Stricken von Pullovern – auch in Sitzungen des Bundestages – zum Ausdruck brachten. Und so dauerte es noch einmal gut 30 Jahre, bis sich ein CDU-Minister für diese Politik einsetzte – der sich dann auch prompt vorhalten lassen musste, er trage das falsche Parteibuch im Gewande. Denn – leider! – haftet bis heute jeder nachhaltigen Klimapolitik das Image einer linken, antikonservativen und antikapitalistischen Ökobewegung an, was der Sache nicht immer zuträglich ist.

Doch das Thema der nachhaltigen Energieversorgung ist längst mehr als ein Traum von Liebhabern grüner Utopien.

Eine moderne, nachhaltige Energiepolitik wird wirtschaftliches Wachstum ankurbeln, Deutschland zum Marktführer im Bereich neuer Technologien machen und dabei einigen der Umweltprobleme begegnen, die uns immer drängender bedrohen. – Wieso aber haben so viele Menschen den Eindruck, die Energiewende würde sie in erster Linie noch mehr Geld kosten in Form eines ökosubventionierten Strompreises, den sich der kleine Verbraucher bald nicht mehr wird leisten können?

Konflikte sind oft deshalb so schwer zu lösen, weil ihre Wurzeln weit in die Vergangenheit reichen. Im Wettstreit zwischen den fossilen Brennstoffen und den erneuerbaren Energien sorgte die Regierung unter Helmut Kohl bereits 1990 für eine Schieflage – eine Verzerrung des Wettbewerbs, die bis heute Teil der Diskussion um die richtige Energiepolitik ist. Zuvor war ein Bericht, den Wissenschaftler im Auftrag der EU 1988 erstellt hatten, zu dem Schluss gekommen, die Preise für den Strom aus Kohle-, Gas- oder Atomkraftwerken seien zu niedrig. Denn, so urteilten die Verfasser, der Strompreis berücksichtigte die Folgekosten nicht, die dem Staat durch Umwelt-, Gesundheitsschäden etc. entstehen. Im Anschluss an diesen Bericht wurde daher eine deutliche Erhöhung der Strompreise empfohlen.

Bis zu diesem Zeitpunkt waren die konventionellen Stromerzeuger gegenüber jenen, die Strom aus erneuerbaren Energien gewinnen wollten, erheblich im Vorteil, da sie wesentlich billiger produzieren konnten. Ihre Kraftwerke waren gebaut und verursachten ihnen kaum Kosten, während Solaranlagen oder Windparks noch in den Anfängen ihrer technischen Entwicklung steckten. Hätte man, wie in dem von der EU vorgelegten Bericht empfohlen, die herkömmlichen Energieträger verteuert, dann wären die erneuerbaren Energien schneller konkurrenzfähig geworden. Doch schon damals wehrten sich die etablierten Stromanbieter. So zog es die Regierung Kohl vor, ihnen entgegenzukommen und sie nicht durch Strompreiserhöhungen zu belasten. Anstatt ihnen höhere Preise abzuverlangen, verteuerte man den grünen Strom. Am 7. Dezember 1990 wurde mit dem Stromeinspeisegesetz eine Einspeisevergütung für erneuerbare Energien beschlossen. Das Gesetz verpflichtete die Unternehmen dazu, den Strom aus erneuerbaren Energien abzunehmen und zu einem festgelegten Preis zu vergüten. Auf diese Weise hatte man zunächst beide Seiten zufriedengestellt: Die fossilen Brennstoffe wurden nicht teurer, und den Ökostromanbietern wurde garantiert, dass sie ihren Strom zu einem für sie rentablen Preis verkaufen können. Letzteres war, das sei hier nicht verschwiegen, ein entscheidender Schritt für den Ausbau von erneuerbaren Energien, der damit mächtig Fahrt aufnahm. In dieser Hinsicht ist das Einspeisegesetz unbedingt positiv zu bewerten. Dies ändert jedoch nichts an der Ungerechtigkeit, dass der fossile Brennstoff schon damals zu billig war und der Verbraucher, wie es in dem Bericht aus der EU hieß, auf Kosten künftiger Generationen von zu billigem Strom profitierte.

Die politische Förderung erneuerbarer Energien, die absolut zu begrüßen ist, hatte damit einen kleinen Geburtsfehler, der sie bis heute belastet. Denn immer ist es der grüne Strom, der teurer und angeblich wirtschaftlich nicht rentabel ist – während die fossilen Brennstoffe zu billig sind, weil die Folgekosten nicht eingerechnet werden. Während nämlich die Ökostromzulage auf den Strompreis und damit den Verbraucher abgewälzt wird, übernimmt der Staat die Folgekosten, die aus fossilen Brennstoffen entstehen – indem er zum Beispiel Milliarden an Steuergeldern für die Entsorgung von Atommüll ausgibt. Das ist bis heute so. Denn bis heute zahlt der Verbraucher in Form der sogenannten EEG-Umlage (siehe dazu auch Kapitel 5) einen Aufpreis für grünen Strom, während der Staat die Verantwortung für die durch fossile Brennstoffe verursachten Umweltschäden übernimmt.

Und noch etwas ist falsch an dem Bild, die deutsche Energiepolitik sei in einem Moment der Panik nach Fukushima hastig zusammengezimmert worden: Die EU hatte sich schon zuvor auf denselben Weg begeben. Bereits in den Jahren vor 2011 wurde in Brüssel eine Roadmap erstellt, die Ziele für eine nachhaltige Klimapolitik festschreibt. Sie führte im Dezember 2011 zu einer Vereinbarung zwischen allen 27 Mitgliedern. Im Rahmen dieser Übereinkunft verpflichtete Deutschland sich (wie alle anderen Mitgliedsländer auch), den Anteil der erneuerbaren Energien bis zum Jahr 2050 auf 80 Prozent zu erhöhen. Außerdem sollten bis 2050 die Treibhausgasemissionen um 80 bis 95 Prozent reduziert werden – ausgehend von der Menge der Emissionen im Jahr 1990. Als die Bundesregierung unter Angela Merkel im Herbst 2010 ihr Programm für die Energiewende beschloss, war sie also keineswegs allein, sondern befand sich auf EU-Kurs: Das Programm stand im Einklang mit der zu dieser Zeit noch im Entstehen begriffenen EU-Roadmap, denn die Kernpunkte des von Norbert Röttgen formulierten Konzepts sind der Ausbau der erneuerbaren Energien auf 80 Prozent und die Reduktion der Treibhausgasemissionen – beides bis zum Jahr 2050!

Warum aber streuen die Gegner dieses Umbauprozesses so hartnäckig das Gerücht, Deutschland rase auf eine Wand zu mit einer Politik, die unser Land ins Chaos stürzen wird? – Weil die großen Energieversorger weitere Kohlekraftwerke bauen wollen. Sie setzen damit auf eine bewährte Technologie. Solange der grüne Strom nicht sicher ist, solange die deutsche Politik zögert, die neuen Energieformen wirklich voranzubringen, so lange versprechen Kohlekraftwerke den Energieversorgern hohe Gewinne. Die Sache hat nur einen Haken: Schon heute ist Deutschland der mit Abstand größte Treibhausgasemittent Europas. Wenn wir in Zukunft weiter auf Kohlekraftwerke setzen, kommen wir zunehmend mit internationalen Abkommen in Konflikt – von den Schäden für die Umwelt einmal ganz abgesehen.

# 2. Die Zielmarke 2050: So lange im Voraus kann man doch gar nicht planen

Sobald sie verstanden haben, dass die Zielgerade im Jahr 2050 liegt, wenden Skeptiker und Gegner des Energieumbaus häufig ein, 40 Jahre seien viel zu weit weg, man könne gar nicht so lange planen. Auch bei Vorträgen und Podiumsdiskussionen werde ich oft gefragt: »Wieso soll ich mir darüber Gedanken machen, was 2050 ist? Es ist anmaßend, so lange vorausdenken zu wollen – das ist Planwirtschaft! Denken Sie doch mal 50 Jahre zurück, Frau Kemfert: Hätten Sie da sagen können, wie wir heute leben?«

Nein, das hätte ich nicht. Allerdings muss man wohl kaum erwähnen, dass nicht jede Unternehmung, nur weil sie einen Plan enthält, als Planwirtschaft gelten kann. Ich nehme diesen Einwand dennoch ernst, weil solche Bedenken von den Gegnern der erneuerbaren Energien unter anderem dazu instrumentalisiert werden, von ihrem eigentlichen Vorhaben abzulenken. Auch hier nutzen die Konzerne die Argumente für sich: Liebe Konsumenten, zerbrecht euch doch nicht den Kopf über das, was die Politik in Bezug auf die Energieversorgung gerade treibt. Warum solltet ihr euch darum sorgen, was im Jahr 2050 passiert? Mit derlei Beschwichtigungen werden hochbrisante Entscheidungen verschleiert, die *jetzt* getroffen werden – und die unseren Energiehaushalt für die nächsten

60 Jahre bestimmen. Fakt ist nämlich: 40 Jahre sind nicht zu weit weg, sondern wir planen *jetzt* für ungefähr diesen Zeitraum, für die Zukunft der Energieversorgung in Deutschland bis 2050 und danach. Im Augenblick steht ein Zeitfenster offen, das sich in ca. zehn Jahren schließen wird. Sollte es den Gegnern der Energiewende gelingen, den Ausbau der erneuerbaren Energien und die Umstellung unserer Stromversorgung nur um weitere zehn Jahre zu verzögern, haben sie die Schlacht für sich gewonnen – zumindest für die nächsten 40 bis 60 Jahre. Warum das so ist, will ich an folgendem Beispiel erläutern.

Nehmen wir an, ein Autofahrer kauft sich alle sechs bis acht Jahre einen neuen Wagen. Er wird immer dann, wenn sein Auto rund sechs Jahre alt ist, beginnen, sich nach einem Neuwagen umzusehen. Welche Modelle gibt es aktuell? Wie sind sie ausgestattet, was kosten sie? Sollte man bei seiner Marke bleiben oder vielleicht einmal eine andere ausprobieren? Und welcher Händler bietet die günstigsten Konditionen? In diesem Moment öffnet sich ein Zeitfenster von ein, zwei Jahren, in dem der Autohändler die Chance hat, diesem Kunden einen Neuwagen zu verkaufen. Hat er sich einmal entschieden und den Kauf getätigt, schließt sich das Zeitfenster wieder – für die nächsten sechs bis acht Jahre. – Wir erinnern uns: Da ein großer Teil des Marktes stets für eine Weile gesättigt ist, erfand die Politik vor gar nicht langer Zeit das Instrument der »Abwrackprämie«, die nicht nur wegen der künstlich geschaffenen Wertschöpfung, sondern auch für ihre Wortschöpfung viel bespottet wurde. Sie sollte Anreize schaffen, um den Absatz der Autoindustrie auf dem deutschen Markt anzukurbeln.

Ganz ähnlich verhält es sich derzeit mit der Energieversorgung: In den nächsten zehn Jahren geht in Deutschland ein

Großteil der Kohlekraftwerke aus Altersgründen vom Netz. Außerdem werden alle Atomkraftwerke abgeschaltet. Zusammengenommen liefern sie rund 40 Prozent des Stroms, und dieser Anteil muss ersetzt werden – ganz gleich, aus welchen Quellen. Und egal wie laut die Politik derzeit diskutiert, im Hintergrund werden Fakten geschaffen, denn irgendwie müssen diese 40 Prozent Strom weiterhin produziert werden. Wenn die großen Energieversorger jetzt eine große Zahl neuer Kohlekraftwerke bauen, dann wird der Markt bald für die nächsten 40 bis 60 Jahre gesättigt sein. Es würde somit wirtschaftlich vollkommen unsinnig, in andere Energieformen zu investieren. – Das ist wie beim Autokauf: Sobald der neue Wagen vor der Tür steht, gibt es keinen Bedarf und auch keine Mittel mehr für ein weiteres Fahrzeug. Und jeder Versuch, diesen Kauf dann noch rückgängig zu machen, wäre mit Verlusten verbunden. Deshalb ist es für die großen Konzerne so wichtig, *jetzt* Kraftwerke zu bauen und die Produktivität der Ökostromanbieter so lange wie möglich zu sabotieren. Ist der Bedarf erst einmal gedeckt, wird es schwer, noch genug Befürworter für den Ausbau der erneuerbaren Energien zu gewinnen – der dann nämlich in der Tat überflüssig wäre und damit auch unnütz Geld kosten würde.

Und nun raten Sie einmal, was die Betreiber von Kohlekraftwerken tun, um ihr Ziel zu erreichen? Sie verkünden scheinheilig, eine umweltfreundliche Energiepolitik sei zwar ehrenwert und absolut zu wünschen, doch leider nicht realisierbar. Bei aller Liebe zur Umwelt, die klimafreundliche Gesellschaft müsse vorerst eine Utopie bleiben, die sich Idealisten, aber sicher nicht die Industrienationen leisten können. Noch seien die grünen Technologien nicht ausgereift genug, um eine sichere Energieversorgung zu gewährleisten. Diese Argumentation lassen sich die Konzerne von wissenschaftlichen Studien untermauern. Ein von der Deutschen Energie-Agentur (dena) im Auftrag des RWE-Konzerns erstelltes Gutachten, das am 27. August 2012 der Presse präsentiert wurde, kommt zu folgendem Ergebnis: Deutschland braucht in den kommenden Jahrzehnten unzählige neue Kohlekraftwerke. Denn, so der Tenor der Studie, das Wagnis der Ökoenergie birgt zu viele Risiken, die wir nur durch Kohlekraftwerke abfangen können – da der Ausstieg aus der Atomenergie ja nun endgültig besiegelt ist. Und selbstverständlich muss mit dem Bau so schnell wie möglich begonnen werden. – Aber stimmt das?

Kohlekraftwerke rechnen sich für ihre Betreiber, wenn sie viele Stunden im Jahr ohne Unterbrechung durchlaufen. Sie sind wenig flexibel, da sie nur schwer hoch- und runtergefahren werden können. Energiekonzerne, die auf Kohlekraft setzen, entscheiden sich damit für die bei weitem umweltschädlichste Technologie, die lediglich den Vorteil hat, dass sie kurzfristig die größten Gewinne verspricht. Gaskraftwerke sind nicht nur umweltfreundlicher, sondern können auch flexibel an- und abgeschaltet werden. Sie können deshalb gut mit den volatilen, das heißt den in den Produktionsmengen stark schwankenden grünen Energien kombiniert werden, indem sie nur dann laufen, wenn bei den erneuerbaren Energien Engpässe entstehen. Doch bisher sind Gaskraftwerke teurer als Kohlekraftwerke.

Nun könnte man einwenden: Gut, wenn nun eben die Kohlekraft am billigsten ist, dann müssen wir sie jeder teureren Energieform vorziehen – schließlich geht es um die Wettbewerbsfähigkeit der Industrie, die einen hohen Energieverbrauch hat, und auch um die Versorgung der Ärmsten in der Bevölkerung, denen bei steigenden Strompreisen buchstäblich kalte und dunkle Winter drohen. Dabei steckt in der Strategie der Betreiber von Kohlekraftwerken noch eine weitere Dreistigkeit, denn die Rechnung, die hier aufgemacht wird, geht gar nicht auf. Um ihre Pfründe zu sichern, haben sie bereits jetzt ihre Lobbymacht auch auf die EU ausgedehnt: Aufgrund zu großer Widerstände seitens der Wirtschaft ist es der EU nämlich tatsächlich noch nicht gelungen, eine Erhöhung der für eine nachhaltige Klimapolitik so notwendigen $CO_2$-Preise durchzusetzen. Sollte sich dies jedoch ändern und Brüssel die EU-Bestimmungen zum Emissionshandel verschärfen, würden die $CO_2$-Preise deutlich steigen. Die im Moment noch preiswerten Kohlekraftwerke würden schlagartig teurer und sich damit auch für die Konzerne immer weniger lohnen. Aus den neu gebauten Meilern könnten bald sogenannte Stranded Investments werden, wie man in der Wirtschaft »gestrandete« bzw. in den Sand gesetzte Investitionen nennt. Für den Verbraucher in Deutschland wird es dann richtig teuer. Das ist den großen Unternehmen bekannt. Deshalb legen sie so großen Wert darauf, immer wieder einmal medienwirksam zu behaupten, den Klimawandel gäbe es gar nicht. Für die geplanten Restriktionen gegen den $CO_2$-Ausstoß, so folgern sie, bestehe also kein Anlass. In die Leugnung des Klimawandels wird viel Geld investiert, genauer gesagt in Forschungsarbeiten, die diese steile These wissenschaftlich belegen sollen. Die Atmosphäre sei von Treibhausgasen keineswegs getrübt und der Klimawandel eine Erfindung von Anhängern apokalyptischer Szenarien – diese Behauptung ist ungefähr so sinnvoll wie die Erklärung, Altkanzler Helmut Schmidt sei der lebende Beweis dafür, dass das Rauchen der Gesundheit nicht schade. Doch offenbar ermutigen bisherige Erfolge die Kohlekraftlobby dazu, darauf zu setzen, dass in Brüssel Vereinbarungen über eine Reduktion des $CO_2$-Ausstoßes auch weiterhin verhindert werden können. Denn natürlich haben die Konzerne auch dort ihre Einflüsterer, die sich mit all ihrer verdeckten Macht den Klimaschutzanstrengungen der EU entgegenstellen.

# 3. Die erneuerbaren Energien brauchen ein Tempolimit

Je langsamer die Energiewende voranschreitet, desto besser für die Betreiber der Kohlekraftwerke. Denn es stimmt: Wo der grüne Strom scheitert, sind sie im Moment der günstigste und zugleich sicherste Ersatz. Muss man noch mehr sagen, um zu erklären, welche Motive sich hinter der Forderung für ein Tempolimit verbergen?

»Wir brauchen ein Tempolimit!«, ruft die FDP. »Wir werden ein Tempolimit einführen«, verspricht bald darauf die Kanzlerin, und ihr Vertrauensmann in Umweltfragen, Peter Altmaier, spricht es nach. Günther Oettinger, Merkels Umweltvertreter in Brüssel, lässt sich zur Begründung eine originelle Formulierung einfallen: Ob aus Wind und Sonne Strom erzeugt wird, »das entscheidet für Christenmenschen der liebe Gott und sonst der Wetterfrosch«. Das klingt ein bisschen nach Predigt, was durchaus Sinn macht, denn die Kirche steht ja für das Bewahren des Alten. Die Kühnheit der Ökostrompioniere in allen Ehren – der liebe Gott lässt sich nicht ins Handwerk pfuschen, und deshalb ist es besser, wir üben uns in Bescheidenheit, und das bedeutet: Wir müssen langsamer treten.

Ein bisschen verwundert es mich: Keine Partei wagt es, sich das Gelingen des grünen Projekts als Erfolg auf die Fahnen zu schreiben. Es gibt in Deutschland ganze Dörfer und Kommunen, die, im Schatten der großen Politik, gemeinschaftlich und demokratisch auf erneuerbare Energien umgerüstet und sich so bereits bis zu 80 Prozent und mehr unabhängig vom Strommarkt gemacht haben – ohne riesige Stromtrassen oder große Speicherkraftwerke, allein durch eine moderne Energieversorgung vor Ort. Ausländische Delegationen reisen ins brandenburgische Feldheim, um sich etwas von diesen Vorbildern abzuschauen. Wer jedoch noch nie in einem bayerischen, niedersächsischen oder brandenburgischen Ökodorf unterwegs war und das Thema Energiewende bisher nur aus der Tagespresse kennt, muss den Eindruck gewinnen, es sei dringend notwendig, dem Wahnsinn endlich Einhalt zu gebieten. – Aber welchem Wahnsinn eigentlich?

Begründet wird der Ruf nach dem Tempolimit – um es anders als mit den Worten Oettingers zu sagen – damit, dass Energie aus Wind- und Solaranlagen bisher schwierig zu speichern ist. Das wäre jedoch notwendig, um an Tagen, an denen der liebe Gott uns sowohl Sonne als auch Wind verwehrt, die an anderen Tagen im Überfluss produzierte Energie zur Verfügung zu haben. Um immer mehr erneuerbare Energien nutzen zu können, müssen deren wetterbedingte Schwankungen entweder durch Netze oder durch Stromspeicher ausgeglichen werden. Solange dies nicht möglich ist, übernehmen Kohleoder Gaskraftwerke diese Funktion.

Als weiterer Grund für die geforderte Drosselung des Ausbaus gelten fehlende Stromleitungen. Das bisherige Netz war auf eine Struktur ausgelegt, bei der Strom in Großkraftwerken zentral produziert und von dort zum Endverbraucher transportiert wurde. Die erneuerbaren Energien werden häufig dezentral in vielen kleinen Einheiten produziert oder aber an anderen als den bisherigen Standorten. Wenn zum Beispiel Atomstrom aus dem Süden durch Windstrom aus dem Norden ersetzt werden soll, erfordert dies auch neue Transportwege. Kurz gesagt: Während die Produktion von grünem Strom auf Hochtouren läuft, mangelt es noch bei der Netzinfrastruktur und der Speicherung. Der gesamte Strommarkt muss neu organisiert werden. Dafür ist jedoch nicht etwa ein Tempolimit für erneuerbare Energien nötig, sondern der Ausbau der Netze und der Stromspeicher sowie ein kluges Marktdesign, das Angebot und Nachfrage intelligent steuert. Gerade dort, wo technologische Hürden auftauchen, wie bei der Speicherung der Energie, bedarf es außerdem zusätzlicher Investitionen in Forschung und Entwicklung.

Der Ausbau der Netze wird aber leider bereits seit mindestens zehn Jahren verschleppt. Und leider passiert es gar nicht selten, dass Dinge technisch möglich sind, jedoch der politische Wille fehlt, sie bis zu ihrer Realisierung und Marktreife zu unterstützen. Doch darüber spricht niemand. Denn je mehr die Wählergunst gegenüber dem Projekt Energiewende schwindet, desto schwieriger wird es für die Politik, Investitionen in die Erforschung grüner Technologien zu rechtfertigen. Anders gesagt: Je erfolgreicher das Gerede vom Tempolimit, desto wahrscheinlicher wird es, dass wir tatsächlich irgendwann mit zu viel grünem Strom dastehen, den wir weder speichern noch transportieren können. Doch selbst dann wäre es falsch, ein Tempolimit zu fordern. Stattdessen muss es heißen: Kümmern wir uns endlich um die vor uns liegenden Aufgaben!

# 4. Es drohen Blackouts

Als die *Norwegian Pearl*, ein 294 Meter langes Kreuzfahrtschiff, am 4. November 2006 im niedersächsischen Papenburg in Richtung Nordsee ablegen wollte, gingen kurze Zeit später in vielen Orten Europas die Lichter aus. Teile von Deutschland, Frankreich, Belgien, Italien, Österreich und Spanien sahen sich plötzlich bis zu zwei Stunden von der Stromversorgung abgeschnitten. Der Grund war die vorschriftsmäßige Abschaltung einer Hochspannungsleitung, unter der das Schiff durchfahren sollte. Als Folge brach das Netz zusammen – ein einziger Schalter in Niedersachsen verursachte europaweit chaotische Zustände. Da der Vorfall sich gegen 22:00 Uhr ereignete, saßen Millionen von Menschen schlagartig im Dunkeln.

Drohende Blackouts stellen in einer immer energieabhängigeren Welt eine ernst zu nehmende Gefahr dar, ein Horrorszenario. Wenn man sie dem Gegner in die Schuhe schieben kann, eignen sie sich als schlagkräftige verbale Keule in der Auseinandersetzung um Strom. Wer auf die falsche Energie setzt, rufen die Kontrahenten, dem droht der Totalausfall.

Eines muss man sagen: Es stimmt, dass, wenn wir unsere Stromnetze nicht erneuern und ausbauen, es tatsächlich bald düster aussehen kann. Was nicht stimmt, ist, dass allein die neuen Energieformen für den erforderlichen Um- und Ausbau der Netze verantwortlich sind. Doch viele behaupten genau dies – und gehen noch einen Schritt weiter: Da der Ausbau bisher zu langsam vonstattengehe, müsse man die Produktivität der erneuerbaren Energien bremsen und weiter auf die bewährten Kraftwerke setzen. Diese Argumentation aber ist falsch. Wir könnten keinen Meter mit dem Auto von A nach B fahren, wenn die Straßen nicht ständig instand gehalten und erneuert würden. Doch die Einführung von elektro- und gasbetriebenen Fahrzeugen erfordert deshalb noch lange keine neuen Straßen. Das ist bei der Energie nicht anders. Wo immer wir Strom nutzen, brauchen wir Leitungen, die ihn transportieren. Egal, wie dieser Strom erzeugt wird.

Für den von der *Norwegian Pearl* verursachten Stromausfall waren allein veraltete und mangelhaft ausgebaute Netze verantwortlich. Kurz nachdem das Malheur passiert war, gab der damalige Bundesumweltminister Sigmar Gabriel (SPD) in einer Pressemitteilung zu Protokoll: »Bisher haben die Stromversorger so getan, als ob ein Netzausbau nur wegen der erneuerbaren Energien erforderlich sei.« Die Stromausfälle machten nun deutlich, dass der Netzausbau notwendig sei, »weil wir in einem europäischen Strommarkt leistungsfähige Netze für den rapide zunehmenden Transport über große Entfernungen brauchen.« Anfang 2008 lag das Durchschnittsalter der Höchstspannungsmasten (380 kV) bei 32 Jahren und das der Hochspannungsmasten (220 kV) bei 50 Jahren. Ganz unabhängig von der Energiewende stellt der Netzaus- und vor allem -umbau ein eigenes, lange geplantes Vorhaben dar. Er ist deshalb nötig, weil Deutschlands Stromnetze in die Jahre gekommen sind. Teil dieses Vorhabens ist eine Netzinfrastruktur, die dem geplanten europaweiten Energiemarkt entspricht, mit kompatiblen Netzen, die über die Grenzen hinweg miteinander verknüpft sind.

## Wer die Netze hat, hat die Macht

In der Blackout-Frage steckt ein energiepolitisches Desaster, bei dem die erneuerbaren Energien allenfalls eine kleine Nebenrolle spielen. Der erste Akt in der jüngeren Geschichte der Energieversorgung begann 1997. Zuvor bestanden in Deutschland seit 1935 sogenannte Gebietsmonopole. Das bedeutete, dass die Energieversorger, meist Stadtwerke, mit den Kommunen Demarkationsverträge und exklusive Konzessionen aushandelten, die für ein in den Verträgen begrenztes Gebiet galten. Auf diese Weise hatte man eine kommunale und damit dezentrale Energieversorgung mit Unternehmen von überschaubarer Größe und zugleich politischen Einfluss auf Preise und Stabilität. Doch bereits in den 1980er Jahren handelte man in der EU eine Richtlinie zur Liberalisierung der Energiewirtschaft in allen Mitgliedsstaaten aus, die für mehr Wettbewerb im Energiemarkt sorgen sollte. Diese europäische Elektrizitätsbinnenmarktsrichtlinie wurde durch ein 1997 beschlossenes Gesetz in nationales Recht umgesetzt. Es handelte sich um die Privatisierung der Energiewirtschaft, und auch ihre Initiatoren erhofften sich davon mehr Wettbewerb und niedrigere Preise für den Verbraucher. Doch diese Hoffnung trog. Das mag vor allem daran gelegen haben, dass die deutsche Regierung Spieler aufs Feld schickte und das Spiel eröffnete, ohne einen Schiedsrichter auf den Platz zu stellen. Die EU-Richtlinie sah nämlich vor, Netzbetreiber und Stromproduzenten entweder zu trennen oder aber den Netzzugang für dritte Stromanbieter staatlich zu kontrollieren, sollten sich die Netze im Besitz eines Stromproduzenten befinden. Auf diese Weise wollte man verhindern, dass große Konzerne entstehen, die durch den Besitz von Kraftwerken *und* Stromnetzen zu viel Macht anhäuften. Anders als die übrigen EU-Staaten setzte sich Deutschland jedoch über die Vorgaben der Richtlinie hinweg. Und so geschah, was zu befürchten war: Große Energieversorgungsunternehmen, die auch im Besitz der Netze waren, verlangten von der Konkurrenz hohe Nutzungsentgelte und konnten auf diese Weise andere Anbieter vom Markt verdrängen. Es entstand ein Oligopol von wenigen großen Energiekonzernen, die den Strommarkt unter sich aufteilten und den Wettbewerb im Keim erstickten. Von Seiten der Politik griff niemand ein, um das Geschehen zu regeln. – Im Gegenteil: Als das Kartellamt gegen die Vereinigung von Eon mit der Ruhrgas AG Bedenken anmeldete, setzte sich der damalige Wirtschaftsminister Werner Müller darüber hinweg und machte die Fusion per Ministererlass möglich. (Müller war zuvor bei einem der beteiligten Unternehmen angestellt gewesen. – Ein Schelm, wer Böses dabei denkt?) Diese Entwicklung brachte schwerwiegende Folgen mit sich: Die Strompreise sind nach wie vor hoch, weil es keinen echten Wettbewerb gibt. Zugleich wurden die Netze vernachlässigt, weil die Konzerne lieber Gewinne einstrichen, als in neue Leitungen zu investieren.

Die Energieversorgung ist der lebensnotwendige Sauerstoff jeder modernen Gesellschaft; es ist fahrlässig, sie derart unkontrolliert dem Markt zu überlassen. Und es erstaunt, dass die Politik offenbar so naiv war zu glauben, die Wirtschaft würde nicht nur eigene Interessen verfolgen, sondern sich auch für eine sichere Versorgung verantwortlich fühlen.

Auch in der EU beobachtete man kritisch, was in Deutschland passierte. Wiederholt kamen Verwarnungen aus Brüssel, und es wurde bemängelt, dass Deutschlands Wettbewerb nicht funktioniere: Neue Anbieter würden systematisch aus dem Markt verdrängt, die Verbraucherpreise seien zu hoch. Die EU beharrte auf einem Schiedsrichter, der dafür sorgen sollte, dass die Regeln des Wettbewerbs eingehalten würden. Doch erst 2005 beugte sich die deutsche Regierung dem Druck. Als 2006 die sogenannte Bundesnetzagentur endlich ihre Arbeit aufnahm, hatten die Lobbyisten der privaten Energiewirtschaft bereits neun Jahre Zeit gehabt, sich im Politikbetrieb einzunisten.

## Weitere Fehlentwicklungen

Im Hinblick auf die Stromnetze gab es eine weitere Fehlentwicklung – und erst hier kommen die erneuerbaren Energien ins Spiel: Die Politik entschloss sich zwar, deren Ausbau zu fördern, sie unterließ es jedoch, sich auch um die erforderlichen zusätzlichen Netze zu kümmern. So haben einerseits Nachlässigkeiten und Mauscheleien zwischen Politik und Wirtschaft und andererseits die Halbherzigkeit beim Ausbau von Transportwegen speziell für erneuerbare Energien in eine recht verfahrene Situation geführt. Inzwischen herrscht ein Chaos, das jede der so dringend erforderlichen Maßnahmen zur Erneuerung der Netzinfrastruktur ausbremst. Niemand fühlt sich verantwortlich, niemand zuständig, solange es nicht um die Wahrung der eigenen Interessen geht. Dabei wird es nicht eben übersichtlicher, je mehr Mitspieler beteiligt sind: Die Verantwortung für die Energieversorgung liegt zum Teil bei der privaten Wirtschaft, zum Teil beim Staat, manche Vorgaben kommen aus der EU, und auch der Bürgerwille schaltet sich hin und wieder ein – was nach der Katastrophe in Fukushima und der anschließenden Landtagswahl in Baden-Württemberg besonders deutlich wurde. Doch Wirtschaft und Politik verfolgen unterschiedliche Ziele, mit dem Ergebnis, dass unter anderem der Ausbau der deutschen Stromnetze seit gut zehn Jahren blockiert wird. Die Energiewirtschaft nutzt diese Blockadehaltung als Mittel zum Boykott, um so die Umstellung auf erneuerbare Energien zu torpedieren – denn natürlich muss diese scheitern, wenn der Strom am Ende nicht beim Verbraucher ankommt. Dieser Boykott war möglich, weil man bei der Privatisierung auch das komplette Hochspannungsnetz unter den großen der Branche, Eon, RWE, EnBW und Vattenfall Europe, in vier sogenannte Regelzonen aufgeteilt hatte. Die Konzerne nutzten ihre Monopolstellung einerseits zur Abschottung des Marktes, andererseits kümmerten sie sich nicht um die Netze. Wieder schritt die EU ein, die wiederholt und immer massiver auf das sogenannte Unbundling im Energiemarkt drang, das Entflechten des zusammengeballten Machtknäuels, und die damit eine zumindest eigentumsrechtliche Trennung von Stromproduktion, Vertrieb und Netzen einforderte.

Doch auch dieser Schritt wurde eher notgedrungen und vor allem halbherzig umgesetzt, denn die meisten Konzerne lagerten die Netze einfach in Tochtergesellschaften aus: Vattenfall gründete zu diesem Zweck das Unternehmen 50 Hertz, RWE gründete Amprion. Allein Eon gab seine Netze in wirklich fremde Hände ab, und zwar an den Konzern Tennet, ein holländisches Staatsunternehmen. Dies hatte die pikante Konsequenz, dass der Ausbau der im Besitz von Tennet befindlichen deutschen Netze im holländischen Staatshaushalt verhandelt wird: Da das Unternehmen, das die Netze im Nordwesten Deutschlands besitzt, den Kapitalbedarf offensichtlich unterschätzt hat, müssen die zusätzlich benötigten Mittel nun erst durch den Staatshaushalt freigegeben werden. Der Ausgang ist ungewiss, und damit liegt der Ausbau der Eon-Netze bis auf weiteres auf Eis.

Schon vor Jahren erstellte die Deutsche Energie-Agentur (dena) Studien, und jüngst legte auch die Bundesnetzagentur Pläne vor, wie der Ausbau der Netze konkret gestaltet werden soll. Doch das Problem der Zuständigkeit ist damit immer noch nicht gelöst. Die Dena wurde 2000 von der rot-grünen Bundesregierung gegründet, arbeitet aber als privatwirtschaftliches Unternehmen und hat als solches nur eine beratende Funktion. Die Bundesnetzagentur hingegen stellt zwar die verantwortliche Verwaltungsinstitution dar, kann jedoch die Unternehmen auch nicht zum Handeln zwingen. Und so liegen die Pläne bisher auf den Schreibtischen, werden aber nur unzureichend umgesetzt. Im Gegenteil: Die Netzbetreiber wissen als Tochtergesellschaften der großen Konzerne immer noch genau, wessen Eltern Kind sie sind. Im Juni 2012 legte der BUND einen Bericht vor, der belegt, dass sie eigene Pläne zum Netzausbau verfolgen, die von den Zielen der Bundesregierung stark abweichen. Diese Pläne zeigen, dass die Netzbetreiber offenbar von wesentlich höheren Strommengen ausgehen, die Deutschland angeblich noch im Jahr 2022 aus Kohlekraftwerken beziehen wird. Es sieht ganz danach aus, als rechneten die Konzerne fest damit, dass ihre Strategie aufgehen wird, die Energiewende lahmzulegen und in den nächsten zehn Jahren einen möglichst großen Park aus alten und neuen Kohlekraftwerken zu schaffen.

Vom Stillstand auf Deutschlands maroden Stromautobahnen oder einfach ihrem Fehlen sind inzwischen jedoch auch die großen Energieversorger selbst betroffen. – Was natürlich kein Problem ist, wenn man in der Politik die richtigen Freunde hat. Nachdem die Konzerne inzwischen selbst große Offshore-Windanlagen gebaut haben, sehen auch sie sich mit der Tatsache konfrontiert, dass sie den Strom nicht liefern können, weil die Leitungen dazu noch fehlen.

Hier stellt sich die Frage der Haftung: Wer ist dafür verantwortlich? Wer trägt die entstandenen finanziellen Verluste? Die Antwort liegt auf der Hand, und inzwischen haben auch Sie als Leser das Spiel verstanden. Wirtschaftsminister Philipp Rösler schlägt vor, die Kosten auf den Strompreis umzulegen und damit dem Verbraucher aufzubürden. Diesem wird mit der bitteren Pille zugleich das Märchen aufgetischt, es seien die erneuerbaren Energien, die den Strom so teuer machten. – Man muss sich das einmal vor Augen halten: Über Jahre hinweg haben die Konzerne, die im Besitz der Netze waren, nur notdürftig in deren Erhalt investiert und stattdessen höhere Gewinne eingefahren. Und nun schieben sie die finanzielle Last der Sanierung der Politik und damit den Verbrauchern zu. Da möchte man fast sagen: Was für ein Glück für die Monopolisten, dass die EU noch rechtzeitig für die eigentumsrechtliche Trennung gesorgt hat. Und noch besser trifft es sich, dass man für die Kosten den Ökostrom anschwärzen kann.

Doch, auch ohne den Bau von Offshore-Windparks würde Deutschland riesige Stromtrassen benötigen, um die im Norden erzeugte Windenergie nach Süden zu transportieren. Denn nicht die Art und Weise der Energieerzeugung, sondern der Ort, an dem sie produziert wird, entscheidet, welche Transportwege gebraucht werden. Durch die Abschaltung der Atomkraftwerke im Süden Deutschlands entstehen dort

Versorgungslücken, die durch Strom aus dem Norden ausgeglichen werden müssen. Einige Kohlekraftwerke, die geplant waren, ehe die Konzerne auf große Offshore-Windparks umrüsteten, sind in Norddeutschland, meist in Küstennähe, entstanden, denn hier können die Kosten für den Transport der importierten Kohle niedrig gehalten werden. Auch für den aus Kohle gewonnenen Strom hätte man also neue Nord-Süd-Verbindungen bauen müssen.

Auf der politischen Ebene stellt sich die Frage, ob es gelingen wird, das bestehende Kompetenzgewirr endlich aufzulösen. Vieles spricht für die Einrichtung eines Energieministeriums bzw. dafür, die Steuerung der hochkomplexen Aufgaben in eine Hand zu legen, darunter auch den Ausbau der Netzinfrastruktur. Ein neues Ministerium allein kann jedoch noch keine Gewähr dafür bieten, dass das Kartell der »großen Vier« damit endlich in die Schranken gewiesen würde.

Die Netzinfrastruktur der Zukunft müsste so beschaffen sein, dass sie drei Funktionen erfüllt: Erstens muss es eine engere Verknüpfung mit anderen europäischen Netzen geben, um den Handel zwischen den EU-Staaten zu verbessern und Engpässe ausgleichen zu können. Zweitens werden neue Stromleitungen benötigt, um die erneuerbaren Energien zu integrieren und den Wettbewerb auf dem Strommarkt zu verbessern. Und drittens sollten nicht nur große Konzerne, sondern möglichst viele Anbieter Strom in die Netze einspeisen können.

Für diese Aufgaben bedarf es neben den großen Stromtrassen, die vor allem für den Transport über lange Strecken hinweg notwendig sind, vieler kleiner, dezentraler Verteilnetze mit Niedrigspannung für den Transport von vor Ort produziertem Strom, wie beispielsweise Solarenergie oder Biomasse. Insgesamt werden wir in Zukunft sogenannte Smart Grids, intelligente Stromnetze, benötigen, die das Zusammenspiel zwischen den verschiedenen Energieformen bei der Erzeugung, der Speicherung, der Verteilung und dem Verbrauch optimal regeln.

Zwischen den Befürwortern von nachhaltigen Energiequellen ist über die Gestaltung des Stromnetzausbaus inzwischen selbst eine Auseinandersetzung entbrannt. Und wieder stehen sich die großen Energieversorger auf der einen Seite und eine wachsende Zahl mittelständischer und kleiner Unternehmen auf der anderen Seite gegenüber. Die einen haben die Mittel für riesige, kostenintensive Offshore-Windanlagen und können damit große Strommengen produzieren, die anderen erzeugen mit Photovoltaik- und Biogas- oder kleineren Windanlagen geringere Energiemengen, die sie meist vor Ort oder in die unmittelbare Umgebung abgeben. Gegen die großen Anlagen und die dafür notwendigen Stromtrassen ziehen Umweltschützer zu Felde, die eine Verschandelung der Landschaft sowie die magnetischen Felder solcher Hochspannungsautobahnen fürchten.

## Die Speicher der Zukunft

Die Antwort auf die Frage, ob Deutschlands Energieversorgung aufgrund einer zu hastigen Umstellung auf grüne Energien Blackouts drohen, lautet also: Nein, es drohen keine Blackouts – zumindest nicht wegen der Umstellung auf neue Energieformen. Richtig ist, dass unsere Stromnetze sich in einem maroden Zustand befinden und die Ausweitung des Strommarkts auf ganz Europa neue, zusätzliche Netze erfordert. Es könnte dunkel werden, wenn den Absichtsbekundungen und Plänen nicht bald Taten folgen. Richtig ist auch, dass die neuen Energieformen zusätzliche Netze benötigen und diese auch den spezifischen Bedingungen der Produktion von erneuerbaren Energien entsprechen müssen.

Die Angst vor Blackouts bezieht sich indessen nicht nur auf die Infrastruktur unserer Stromnetze – und hier wird sie tatsächlich ein Thema, das die erneuerbaren Energien betrifft: Ein anderes Problem besteht in den Speichermöglichkeiten von Energie. Wind und Sonne wird es zwar bis in alle Ewigkeit geben, dafür aber nicht zu jeder Zeit. Nach dem aktuellen Forschungsstand können wir überschüssig produzierte Energie bisher nur in Pumpspeicherkraftwerken sammeln. Die Energie wird hier durch das Hinaufpumpen von Wasser gespeichert. Wenn das Wasser wieder hinabfließt, kann mit Hilfe von Turbinen und Generatoren Strom produziert werden. Für diese Technologie bedarf es daher eines Gefälles, und da wir in Deutschland etwa im Vergleich zu Skandinavien oder den Alpenländern wenig starke Gefälle haben, müssen andere Lösungen gefunden werden. Um große Energiemengen zu speichern, wird es auf Dauer notwendig sein, Verbindungen zu Speicherkraftwerken in südlichen oder nördlichen Nachbarländern aufzubauen. Für die Schweiz allerdings, die wie Deutschland aus der Atomkraft aussteigt, gilt, dass hier eigene Pumpspeicherkapazitäten benötigt werden. Begrenzte Möglichkeiten für solche Kraftwerke gibt es in Österreich. Derzeit aber soll bei uns mit dem baden-württembergischen Schluchseewerk das größte Pumpspeicherkraftwerk Europas entstehen. Doch hier und auch in Bayern wehren sich Umweltschützer inzwischen gegen derartige Großprojekte, da sie die mit solchen Kraftwerken verbundenen Eingriffe in Natur und Landschaft fürchten. Sie setzen dagegen auf erneuerbare Energien vor Ort, mit möglichst vielen kleinen Produktionsquellen, wie die Solarzelle auf dem eigenen Dach, mit der ein Haus zum Selbstversorger werden kann (und damit heute schon Strom unter dem Marktpreis nutzt). Allerdings sind die technologischen Möglichkeiten zur Speicherung von Energie noch lange nicht abschließend erforscht – im Gegenteil: Pumpspeicherkraftwerke sind momentan die einzig wirtschaftliche Form, doch es gibt längst weitere Technologien. Nur sind Batterien, Wasserstoff und Biogas als gespeicherte Energien bisher noch wesentlich teurer, und sie werden erst rentabel, wenn Strom aus erneuerbaren Energien im Überschuss vorhanden ist. Die Speicherung von Energie wird in den nächsten Jahrzehnten technologisch weiterentwickelt und somit auch wirtschaftlicher werden. Eine zusätzliche Möglichkeit, überschüssige Energien zu nutzen, wird dann auch darin bestehen, sie in Kraftstoffe umzuwandeln und zur Fortbewegung einzusetzen – sofern sich die Politik dazu entschließt, in diese Forschung wieder stärker zu investieren.

Eine der erneuerbaren Energieformen wird allerdings schon heute gespeichert: die Energie aus Biogas und Biomasse. Zwar ist auch diese Technik noch vergleichsweise teuer, dennoch kann sie, wenn sie Pflanzen- oder Tierabfälle nutzt, nachhaltig Energie speichern. Der Vorteil: Man kann die vorhandene Infrastruktur nutzen, denn Pipelines für Gas sind ausreichend vorhanden. Doch steht diese Energieform heftig in der Kritik. Es ist die sogenannte Tank-oder-Teller-Diskussion darüber, ob zum Betrieb von Biogasanlagen Nahrungsmittel missbraucht würden. Doch auch in dieser Debatte wird vieles verzerrt dargestellt, denn statt mit Mais oder Raps können die Anlagen auch mit anderen Energiequellen betrieben werden. Das beweist seit neuestem ein niedersächsischer Bäcker, der gemeinsam mit anderen Unternehmern seiner Zunft eine kleine Biogasanlage betreibt, die alte, nicht mehr verkäufliche Brötchen in Energie umwandelt. Für diese Form der Energieerzeugung eignen sich auch viele andere Arten von Resten und Abfällen, wodurch sie als besonders nachhaltig gelten kann.

Ein weiterer Irrtum besteht darin, dass Massentierhaltung als eine Folge der Biogasproduktion angesehen wird. Es ist jedoch umgekehrt: Die Massentierhaltung gab es lange vor der Errichtung der ersten Biogasanlagen. Nur werden jetzt die Abfälle genutzt, die vorher auf die Felder gestreut wurden, um daraus Biogas zu produzieren.

Da Gaspipelines eine bereits praktikable Lösung für die Speicherung von Energie bieten, hoffen manche auf die sogenannte Power-to-Gas-Technologie. Diese kann Strom aus erneuerbaren Energien in Wasserstoff oder synthetisches Erdgas umwandeln, welche anschließend in das Erdgasnetz transportiert und dort gespeichert werden. Noch ist diese Methode der Stromgewinnung teuer, wobei sie sich bereits lohnt, wenn es einen Überschuss an Strom aus erneuerbaren Energien gibt. Auf lange Sicht könnte sich damit eine Alternative zu den Pumpspeicherkraftwerken als Reservoir für erneuerbare Energien bieten.

Solange sich Speichermöglichkeiten und damit die vollständige Versorgung durch erneuerbare Energien noch in der Entwicklungsphase befinden, ist es notwendig, auf eine sinnvolle Mischung aus Energieformen zu setzen, die einerseits möglichst umweltfreundlich ausfallen, andererseits aber auch die Sicherheit nicht gefährden sollte. Da die meisten der bald vom Netz gehenden Atomkraftwerke in Süddeutschland stehen, wird das Problem drohender Blackouts dort heute schon besonders ernst genommen. Bayern und Baden-Württemberg setzen auf eine vernünftige Strategie, indem sie planen, klimafreundliche Gaskraftwerke mit dezentralen Netzen und Speichern sowie erneuerbarer Energie aus Windparks zu kombinieren. Hier tauchen derzeit jedoch neue Schwierigkeiten auf, da sich die Energieproduktion aus Gas für die Betreiber wirtschaftlich nicht rechnet. Dass so manche Pläne für neue Gaskraftwerke im Moment noch in der Schublade liegen, ist darin begründet, dass die Gaspreise in Deutschland zu hoch sind, während die $CO_2$-Preise zu niedrig ausfallen – womit wir wieder bei der Kohlekraftlobby wären, die sich bisher erfolgreich gegen höhere $CO_2$-Abgaben stellt. International aber ist Gas wesentlich günstiger als in Deutschland, weil es Überkapazitäten gibt. Das liegt daran, dass Deutschland rund ein Drittel seines Gases aus Russland bezieht. Russische Gasunternehmen setzen jedoch verstärkt auf die sogenannte Ölpreisbindung, in der der Gaspreis in einer gewissen zeitlichen Abfolge dem Ölpreis folgt. Diese Regelung stammt noch aus den 1960er Jahren, als man verhindern wollte, dass Gas als billiges Konkurrenzprodukt vor allem auf dem Wärmemarkt auftritt. Noch heute ist Deutschland an solche Verträge mit Russland gebunden und muss Gas deshalb zu einem überhöhten Preis abnehmen. Zwar ist es Eon im Sommer 2012 gelungen, mit dem russischen Konzern Gazprom neue Konditionen zu verhandeln, doch andere Konzerne ringen nach wie vor mit den Knebelkonditionen des alten Vertrages. – Und dann passierte wieder das Übliche: Der neue Deal mit Gazprom hat dem Unternehmen Milliardengewinne eingebracht, doch die Gaspreise für den Verbraucher wurden angehoben. An diesem Beispiel wird auf wunderbare Weise sichtbar, dass die Unternehmen die Preise erhöhen, weil sie Gewinne machen wollen – und dass sie das bei der Energie hemmungslos tun können, weil der Wettbewerb fehlt. Anders als beim Gas wird ihnen dabei noch eine Steilvorlage geboten, wenn es darum geht, Strompreiserhöhungen medienwirksam zu verkaufen. Denn hier hat man ja einen Schuldigen: die angeblich vom Staat subventionierten erneuerbaren Energien oder auch den teuren Netzausbau. Eine Lüge, die inzwischen so breite Akzeptanz gefunden hat, dass sich die *ZEIT* dazu veranlasst sah, Ende August 2012 ein großes Dossier mit dem Titel »Die Strompreislüge« zu veröffentlichen.

# 5. Die Energiewende lässt die Strompreise explodieren

Der französische Ökonom Frédéric Bastiat richtete 1846 eine »Petition der Kerzenmacher« an die Abgeordneten der Deputiertenkammer. Darin bat er um die Ausschaltung der größten Billigkonkurrenz, mit der sich die Zunft konfrontiert sah: die Sonne. Er forderte, man solle das Sonnenlicht aussperren, sein Eindringen auf jede erdenkliche Art verhindern, Räume abdunkeln und jede noch so kleine Ritze abdichten. Davon würden nicht nur die Kerzenmacher, sondern zahlreiche andere Wirtschaftszweige profitieren. Mit seiner Petition nahm Bastiat die Befürworter eines überzogenen Protektionismus aufs Korn, die darauf drängten, die heimische Industrie gegen billige Konkurrenz aus dem Ausland zu schützen. Erfolg war ihnen jedoch nicht beschieden, denn nur wenig später wurden die Kerzenmacher durch eine technische Neuerung namens Elektrizität marginalisiert.

Das Licht der Sonne indessen gibt es nach wie vor umsonst. 150 Jahre nach Bastiats satirischer Streitschrift tritt sie erneut als Billigkonkurrent auf den Plan: Als erneuerbare Energiequelle macht sie der herkömmlichen Energiewirtschaft ihre marktbeherrschende Position streitig. Diese wehrt sich mit den vehementen Behauptungen, dass grüner Strom mit untragbaren Kosten verbunden sei, dass er unserer Industrie schade, die deutsche Wirtschaft in ihrer Wettbewerbsfähigkeit bedrohe und uns finanziell in den Abgrund reiße. Die Argumentation erinnert stark an Bastiats Satire, die in der Vermutung gipfelte, die Sonne sei eine Erfindung der feindlichen Engländer, um die französische Wirtschaft zu schwächen – es falle ja auch auf, dass die Sonne sich über der Insel viel seltener zeige als in Frankreich.

Ein zentraler Vorwurf der Gegner der Energiewende lautet, der grüne Strom treibe den Strompreis in die Höhe. Nun muss man, will man die Zusammenhänge besser verstehen, einerseits unterscheiden zwischen dem, was der Strom die Verbraucher und den Staat kostet, und was andererseits diese Kosten mit dem Strompreis zu tun haben.

Strom ist keine normale Ware: Das Verhältnis zwischen Kosten und Preis unterliegt anderen Regeln als beim herkömmlichen Tauschgeschäft. Wenn wir etwas käuflich erwerben, bezahlen wir nicht nur den Gewinn, den der Anbieter macht, sondern vor allem die Kosten, die von der Produktion bis zum Verkauf der Ware anfallen. Neben Aufwendungen für Material und Produktion enthält dieser Preis auch Steuern, Versicherungen und Ähnliches. Beim Strom ist dies anders, denn hier trägt der Anbieter keineswegs alle Kosten selbst – egal, aus welcher Quelle er die Energie bezieht. Der Verkauf von Strom rechnet sich also nur unter bestimmten Bedingungen. Deshalb sorgt der Staat für energiewirtschaftliche Rahmenbedingungen, die es den Versorgern ermöglichen, Strom zu produzieren und gewinnbringend zu verkaufen. Auf diese Weise ist die öffentliche Hand immer in irgendeiner Weise direkt oder indirekt an der Energieversorgung beteiligt. – Wirklich immer? Das hängt davon ab, was man alles zu den Kosten der Stromproduktion rechnet.

Und hier beginnen die Schwierigkeiten: Der Staat hat die Förderung von grünem Strom so eingerichtet, dass ein Großteil jener Kosten, die durch den Verkauf des produzierten Stroms nicht gedeckt sind, auf den Strompreis umgelegt werden. Bei den fossilen Brennstoffen hingegen übernimmt die öffentliche Hand Kosten, die der Stromanbieter nicht selbst trägt. Mit anderen Worten: Für den Ökostrom zahlt der Verbraucher, für Strom aus fossilen Energiequellen fließen Steuergelder in die Taschen der Stromkonzerne. Aus diesem Grund fällt es leicht, eine Diskussion über ständig steigende Strompreise allein auf dem Rücken der Ökostromanbieter auszutragen, während niemand über die heimlichen Subventionen redet, die den Betreibern von Atom- und Kohlekraftwerken zufließen. Reden wir also, ehe wir den Strompreis unter die Lupe nehmen, über Kosten.

## Der »teure« Ökostrom

Die Produktion von grünem Strom erfordert völlig neue Technologien. Je abenteuerlicher eine Idee, desto schwieriger fallen die ersten Schritte zu ihrer Realisierung. Seit der Überquerung der Weltmeere durch Kolumbus ist die Finanzierung des Neuen, noch völlig Unbekannten nicht einfacher geworden. Und erst recht nicht billiger. Zwischen einer Idee, ihrer technischen Umsetzung und ihrer wirtschaftlichen Reife als Produkt liegt ein ganzer Ozean, und in den seltensten Fällen verspricht die Reise von Beginn an Gewinne. Auch die frühesten Versuche, aus natürlichen Energiequellen Strom zu erzeugen, schienen höchst abenteuerlich. Die Vorstellung, man könne auf diese Weise ganze Gebiete flächendeckend mit Strom versorgen, lag in weiter Ferne. Einerseits waren auf technologischer Ebene unzählige Hürden zu nehmen, andererseits waren die Kosten für Material und Produktion astronomisch hoch. Deshalb brachte erst die politische Entscheidung, diese Versuche systematisch zu unterstützen, die Erforschung und den Ausbau der Stromproduktion aus erneuerbaren Energiequellen nachhaltig in Gang.

Anders als andere Innovationen sind die neuen Energieformen auch deshalb auf politische Unterstützung angewiesen, weil der Energiemarkt nach besonderen Regeln funktioniert. Wenn Apple sein iPhone in den Läden zum Verkauf anbietet, kann sich die abgeschlagene Konkurrenz auf den Kopf stellen – sie wird den Erfolg des Produktes nicht verhindern. Doch Strom wird nicht an der Ladentheke verkauft. Wer ihn anbieten will, braucht Zugang zu den Netzen, die ihn an die Verbraucher verteilen. Auch kann der Stromanbieter beim Kunden keine Vorteile bei der Nutzung geltend machen: Aus der Steckdose kommt immer dasselbe Endprodukt. Grüner Strom ist nicht leistungsfähiger oder benutzerfreundlicher als die aus herkömmlichen Verfahren gewonnene Energie, und er bietet auch kein besonderes ästhetisches Design, das zum Kauf reizen könnte. Neue, in den Anfängen teure Energieformen haben daher keine Chance auf einem Markt, der keineswegs offen, sondern durch Lobbyismus von wenigen großen Energiekonzernen und dem Staat reguliert wird.

Als die ersten Schritte hin zu alternativen Formen der Energiegewinnung gemacht wurden, schienen die Gründe für derartige Innovationen allein in den hehren Zielen von Umwelt- und Klimaschutz zu liegen. Insofern haben wir in Deutschland schon jetzt Erfolgsgeschichte geschrieben: Die Lobby der Umweltschützer war seit den 1980er Jahren immerhin stark genug, um die Weichen für klimafreundlichere Energien frühzeitig zu stellen und ihren Ausbau damit politisch durchzusetzen. Auch wenn dieser Erfolg in der aktuellen Debatte bei uns häufig aus dem Blick gerät, so ist Deutschland immerhin nahezu die einzige große Volkswirtschaft unter den Industrienationen, die bereits ganz auf erneuerbare Energien setzt.

Ohne die politische Förderung wäre das großartige Projekt einer umweltfreundlichen Energiegewinnung undenkbar gewesen. Einen maßgeblichen Schritt zu diesem Erfolg stellte das Energieeinspeisegesetz von 1990 dar, der Vorläufer des heutigen Energie-Einspeise-Gesetzes (EEG), das den Betreibern der ersten Wind- und Solaranlagen eine sichere Abnahme ihres Stroms zu festen Preisen garantierte – zu Preisen, die über dem normalen Marktpreis des Stroms liegen. Auf diese Weise konnten die zu Anfang hohen Innovationskosten und der Bau neuer Anlagen finanziert werden. Allerdings waren es von Beginn an die Verbraucher, die die erhöhte Vergütung des grünen Stroms bezahlten. Seit der Überarbeitung des Gesetzes von 1990 im EEG aus dem Jahr 2000 wird die Differenz zwischen dem Börsenpreis und dem höheren Festpreis für Ökostrom auf den Strompreis geschlagen. Diese heute als EEG-Umlage bezeichnete Vergütung gewährte Ökostromproduzenten damit jene Anschubhilfe, ohne die sie auf dem Strommarkt gegen die etablierten Anbieter chancenlos wären – eine Unterstützung, die dem Stromverbraucher in Rechnung gestellt wird.

Nach nunmehr gut 20 Jahren der Entwicklung bilden die Ökostromanbieter selbst eine stärker werdende Lobby, und der einmal in Gang gesetzte Prozess lässt sich nicht mehr umkehren: Inzwischen beugen sich die großen Konzerne dem Innovationsdruck und setzen selbst auf grüne Energieformen, indem sie riesige Offshore-Windparks bauen und so versuchen, ihre Machtstellung zu sichern. Sie reagieren also auf den fundamentalen Umbau des Marktes, der mit den neuen Energieformen einhergeht. Anders als bei Atom-, Kohle- und Gaskraftwerken kann der Strom in Wind-an-Land-, Biogas- und Solaranlagen in kleineren Mengen produziert und verteilt werden. Mit den neuen Energieformen drängen daher kleine und mittelständische Unternehmer in den Wettbewerb, die den großen Energieversorgern Marktanteile und damit Gewinne wegnehmen. Aus marktwirtschaftlicher Sicht ist das eine durchaus positive Entwicklung, denn so entsteht am Ende mehr Wettbewerb. Die großen Energieversorger verlieren jedoch dabei und wehren sich deshalb vehement gegen diesen Wandel.

Wenn wir über die *Kosten* des Ökostroms reden – auf den Strompreis komme ich später noch zu sprechen –, dann handelt es sich also in erster Linie um Innovations- und Produktionskosten. Ihre Höhe ist keine feste Größe, sondern sie unterliegt ständigen Veränderungen, wobei die Tendenz fast ausschließlich nach unten geht. Die Produktion von Ökostrom wird immer billiger, je weiter ihre technologische Entwicklung voranschreitet und je mehr Anlagen produziert werden. Letzteres bezeichnet die Wirtschaftswissenschaft als Skaleneffekt: Je größer die Produktion, desto geringer fallen die Kosten im Verhältnis zur produzierten Menge aus.

Unsere Technologien befinden sich schon lange nicht mehr im Anfangsstadium: Längst ist die Erzeugung von grünem Strom machbar, was nicht ausschließt, dass ständig weitere, noch effizientere Formen der Energiegewinnung entwickelt werden. Längst sinken die Produktionskosten von Wind-, Solar- und Biomasseenergie und sind zum Teil heute schon wirtschaftlich rentabel. Um nur ein Beispiel zu nennen: Noch vor wenigen Jahren war man überzeugt, dass Photovoltaikanlagen stets mit einem unvermeidbar hohen Preis für Material und Produktion verbunden sein würden. Doch wider alle Erwartungen sind die Kosten binnen zwei Jahren plötzlich um die Hälfte gesunken – was niemand vorhersehen konnte. Wer sich heute eine Photovoltaikanlage auf das Hausdach baut, nutzt Strom zu einem Preis, der unter dem Endkundenpreis liegt; er bezahlt also weniger als der normale Stromkunde.

Beides, die technologische Entwicklung und der Umbau des Strommarktes, ist jedoch noch lange nicht abgeschlossen. Noch stehen ungelöste technologische Schwierigkeiten vor uns, deren Beseitigung für eine vollständige Energiewende notwendig ist, vor allem die Frage nach der Speicherung von Energie aus Wind- und Solaranlagen. Gerade weil hier noch viel Arbeit in Forschung und Entwicklung zu leisten ist, wäre es ausgesprochen unsinnig, die Förderung der erneuerbaren Energien nun zurückzuschrauben. Nachdem der Prozess einmal begonnen wurde und seine langfristige Entwicklung planbar geworden ist, sollte man ihn nicht auf halber Strecke unterbrechen, indem man auf einmal die EEG-Umlage kappt.

## Der »billige« Strom aus Atom- und Kohlekraftwerken

Dem angeblich teuren Ökostrom, der ja tatsächlich mit einer hohen Anschubfinanzierung verbunden ist, stehen auf der Seite der fossilen Energien Kosten gegenüber, die nicht vollständig von den Energieversorgern selbst getragen, sondern zum Teil vom Staat übernommen werden. Viele sehen darin zu Recht verdeckte Subventionen. Den größten Posten bilden hier die sogenannten Folgekosten der Stromproduktion, die von verschiedenen Institutionen höchst unterschiedlich berechnet werden. Bereits im ersten Kapitel habe ich auf einen Bericht verwiesen, der 1988 von Wissenschaftlern im Auftrag der EU erstellt wurde. Dieser bemängelte, dass vor allem die bei der Atom- und Kohlestromproduktion entstehenden Umwelt- und Gesundheitsschäden nicht in den Strompreis einbezogen werden. Deshalb sei der Strom deutlich zu billig, und die ungedeckten Kosten kämen auf die nachfolgenden Generationen zu, die diese dann in Form von wesentlich höheren Strompreisen – oder als Steuern – zu tragen hätten. Interessant, oder? Auch ohne Energiewende würden wir heute viel höhere Preise für Strom bezahlen, wenn die Folgekosten von Atom- und Kohlestrom nicht durch Steuern finanziert, sondern auf den Strompreis umgelegt würden. Und die Zahlen sind hier nicht nur eindrucksvoll, sondern auch kaum realistisch zu berechnen. Für die Entsorgung des Atommülls wurden seit den 1960er Jahren große Summen in die Erkundung von Endlagern investiert, doch nun erweisen sich manche der Salzstöcke als schadhaft. Ihr Rückbau verursacht neue Kosten, mit denen zuvor niemand gerechnet hatte. Die Energieversorger, die schon an den ersten Endlagern nur in geringem Maße finanziell beteiligt waren – es handelt sich nämlich um staatliche Einrichtungen –, sagen nun: Der Staat hat bei der Endlagersuche Fehler gemacht, er muss daher auch die Verantwortung für die Folgen übernehmen.

Nun muss man fairerweise darauf hinweisen, dass die Energiekonzerne sich in den 1960er Jahren gegen die Einführung der Kernenergie heftig zur Wehr setzten. Die Situation war ähnlich wie heute: Der Energiebranche ging es gut, sie verdiente an ihren Kohlekraftwerken, doch die Politik zwang sie, auf Atomkraftwerke umzurüsten. So erklärt sich das starke Engagement des Staates in der Atomenergie. Das ändert indessen nichts daran, dass die Energieversorger später mit den Atommeilern hohe Gewinne einfuhren und sich dabei zu einer Atomlobby entwickelten, die nun, Jahrzehnte später, wiederum den Status quo zu verteidigen sucht. Auch ändert es nichts daran, dass die Höhe ihrer Gewinne es durchaus zuließe, die Atomwirtschaft stärker an den Folgekosten zu beteiligen.

Wenn wir schon von hohen Innovationskosten – die beim Ökostrom noch auf uns zukommen – sprechen: Bei der Endlagersuche ist die Forschung noch lange nicht abgeschlossen. Es ist überhaupt fraglich, ob wir jemals einen Ort finden, von dem wir mit Gewissheit sagen können, dass das Gestein, in das wir die giftigen Fässer einlagern, sich in den nächsten tausend Jahren nicht bewegen wird – ganz davon abgesehen, dass auch über die Haltbarkeitszeiten der Behälter für das radioaktive Material keine Klarheit besteht: Wir wissen, dass der Inhalt noch Zehntausende von Jahren strahlen wird, aber werden die Behälter Hunderte, Tausende oder mehr Jahre halten und verhindern, dass dieses Teufelszeug in unsere Umwelt austritt und zum Beispiel das Grundwasser verseucht?

Dabei beschränken sich die zusätzlichen Kosten bei Atomkraftwerken keineswegs nur auf die Entsorgung der Brennstäbe. Gerade hat die EU alle europäischen Meiler einem Stresstest unterzogen und Sicherheitsmängel festgestellt, deren Behebung Energiekommissar Günther Oettinger europaweit mit 10 bis 25 Milliarden Euro beziffert – allein für die Nachrüstung der vorhandenen AKW. Müsste man Atomkraftwerke versichern, würde der Strompreis vollends explodieren. Bisher war dazu niemand bereit, denn die wirtschaftlichen Schäden einer Reaktorkatastrophe sind so hoch, dass der Super-GAU schlicht nicht vorgesehen ist. Für Fukushima wurden die direkten Kosten auf 120 Milliarden Dollar geschätzt, dies wäre also eine realistische untere Grenze für die Versicherungssumme für Kernkraftwerke. Fast zwei Jahre nach dem Unglück in Japan schlägt Oettinger nun vor, Atommeiler doch noch zu einer Versicherung gegen Unfälle zu verpflichten. Es sei klar, dass Atomstrom dadurch teurer werde. Sein Auftrag sei es aber nicht, durch Sicherheitsdumping den Kernkraftstrom billig zu machen, wird der EU-Kommisar auf *ZEIT Online* am 4. Oktober 2012 zitiert.

Die Umweltschäden, die aufgrund der durch die $CO_2$-Emissionen verursachten Treibhausgase entstehen, sind noch schwerer zu beziffern. Sie sollten jedoch weder geleugnet noch unterschätzt werden. Tatsächlich sind Kohlekraftwerke neben Wasserkraft derzeit die einzige Energieform in Deutschland, die wirtschaftlich rentabel ist – lässt man die Umweltschäden außer Acht und geht davon aus, dass die $CO_2$-Preise nicht steigen werden. Sobald jedoch an der Schraube des $CO_2$-Preises gedreht wird, ist es auch mit der Wirtschaftlichkeit von Kohlekraft vorbei. Und eine realistische Einpreisung für die durch $CO_2$-Emissionen erzeugten Umweltschäden ist dringend erforderlich, wenn die Bemühungen der EU und der internationalen Staatengemeinschaft um Klimaschutz mehr als ein öffentlich inszeniertes Theater sein sollen, das zur Beruhigung von Wählern und Umweltschutzorganisationen dient. Das Forum Ökosoziale Marktwirtschaft (FÖS) präsentierte im August 2012 eine Studie, die zu folgendem Ergebnis kommt: Würde man die Folgekosten auf den Strompreis umlegen, müsste diese Umlage für Atom- und Kohlestrom doppelt so hoch ausfallen wie bei den erneuerbaren Energien. Über diese Zahl mag man streiten, doch ein entscheidender Vorteil der erneuerbaren Energien besteht gerade darin, dass bei der Stromproduktion die Umwelt- und Gesundheitsschäden auf ein Minimum reduziert werden – das ist der Kern des Konzeptes von der Nachhaltigkeit. Die Bauteile von Photovoltaik- und Windanlagen sind weitgehend recycelbar, bei der Entsorgung von Solaranlagen muss Silizium abgebaut werden, sofern es nicht wiederverwertet werden kann. Natürlich fallen auch hier Reststoffe an, und natürlich erfordert auch die Ökostromproduktion einen gewissen Einsatz an Energie und belastet dadurch die Umwelt. Doch diese Belastungen stehen in keinem Verhältnis zur Luft- und der generellen Umweltverschmutzung durch Kohle oder gar den gewaltigen Umweltschäden, die ein Reaktorunglück verursacht.

Anders als bei den erneuerbaren Energien, deren anfangs hohe Innovations- und Produktionskosten zu einem großen Teil auf den Rechnungen der Stromkunden erscheinen, wurden die gigantischen Folgekosten aus Atom- und Kohlestrom jahrzehntelang vom Staat mitfinanziert. Auch wenn genaue Zahlen schwer zu ermitteln sind und die Einschätzungen je nach Rechnung höchst unterschiedlich ausfallen: Allein die Tatsache, dass die Atommüllendlager in der Verantwortung des Staates liegen, bedeutet eine schwere finanzielle Bürde für die öffentliche Hand, und zwar mit Summen, die noch gar nicht abzusehen sind. Auf diese Weise wird Atomstrom, wie es der EU-Bericht von 1988 bereits offenlegte, massiv subventioniert.

Seit dem Reaktorunglück in Japan im Frühjahr 2011 hat sich der Wind gedreht und steht nun für die Kernkraft weniger günstig – und das weltweit. Die steigenden Sicherheitsanforderungen erhöhen die Kosten bereits beim Bau neuer Meiler, wodurch der geplante Neubau von Atomkraftwerken in England, Polen, Finnland und den USA ins Stocken geraten ist. In den USA hat der Staat neuen Kernkraftwerken zugestimmt, sich jedoch gleichzeitig aus der Mitfinanzierung zurückgezogen. In der Folge gewähren die Banken die Kredite für die notwendigen Investitionen nicht mehr, denn dieses Geschäft ist ihnen zu riskant. Im April 2012 übten Großbritannien, Frankreich, Polen und Tschechien starken Druck auf die EU-Minister aus, den Weg für neue Subventionen von Atomenergie frei zu machen. Es ist eine Bankrotterklärung, mit der die Legende vom billigen Atomstrom ein für alle Mal zu Grabe getragen sein dürfte. – Wir erinnern uns: In der Debatte um den Strom lautet der verbreitete Vorwurf, allein der Ökostrom sei nicht marktfähig und hänge am Tropf von Subventionen und Fördergeldern. Nun zeigt sich weltweit, dass es auch die Kernenergie ohne den Staat nicht auf den Markt schafft.

Eine andere Form von Subventionen sehen wir insbesondere bei der Steinkohle, die in Deutschland über Jahrzehnte nur durch erhebliche Finanzspritzen überlebte. Der endgültige Ausstieg aus diesen Förderungen ist erst für 2018 geplant, und wir zahlen so weiterhin für eine Energieform, die schon seit langer Zeit keinerlei Chancen mehr auf dem Energiemarkt hat. Der Erhalt des Steinkohlebergbaus ist sozialpolitisch motiviert; es geht um die Arbeitsplätze Tausender Kumpel in traditionellen Bergbauregionen. Einmal mehr zeigt sich hier die Kraft alter Lobbys und ihre Überlegenheit gegenüber jüngeren Interessenverbänden: Viele Bergbauregionen sind Kerngebiet der SPD, ein vorzeitiger Abbau der Subventionen war gegen diese nicht durchzusetzen. Angesichts der Summen, die so in den Steinkohlebergbau geflossen sind, wirken die Attacken gegen

Subventionen in der Solarbranche im Osten Deutschlands völlig überzogen. Und im Gegensatz zur Steinkohle stellt die Photovoltaik eine absolut zukunftsträchtige Technologie dar, zu deren Erhaltung vorübergehende Subventionen notwendig und sinnvoll sind.

## Die Kosten sinken

Es ist ausgesprochen schwierig, vielleicht sogar unmöglich, die Kosten zu vergleichen, die bei der Produktion von Strom aus verschiedenen Energiequellen anfallen. In Bezug auf die Vergangenheit müssten sich die Teilnehmer einer fairen Diskussion erst einmal darauf einigen, welche Faktoren sie in ihre Berechnungen einbeziehen. Im Hinblick auf die Zukunft wird es noch schwieriger, weil alle Rechnungen auf Vorhersagen beruhen. Die Zukunft aber ist ungewiss, niemand weiß, inwieweit die gemachten Annahmen Wirklichkeit werden. Reden wir deshalb, wenn es um die Kosten geht, vorsichtshalber nicht von Zahlen, sondern von Tendenzen. Der grüne Strom ist mit hohen Forschungs- und Innovationskosten verbunden und wird dies auch noch für einige Jahre sein. Die konventionellen Energieformen, vor allem Kohlekraft, sind diesbezüglich vergleichsweise billig. Umgekehrt fallen bei letzteren jedoch enorme Folgekosten an; hier ist der grüne Strom im Vorteil.

Ein entscheidender Unterschied zwischen beiden Energieformen besteht nun darin, dass die Innovationskosten beim Ökostrom nahezu sicher zurückgehen, da neue Technologien besser und zugleich günstiger werden, sobald sie auf dem Markt sind. Die Folgekosten, insbesondere bei den so billigen Kohlekraftwerken, werden hingegen deutlich steigen. Hinzu kommt, dass bei den fossilen Energien immer Brennstoffkosten anfallen, während diese beim Ökostrom fast bei null liegen (mit Ausnahme von Energie aus Biomasse). Vergleicht man also die Kosten, die bei der Produktion von grünem und konventionellem Strom anfallen, so machen auf der Seite der erneuerbaren Energien die Aufwendungen für Forschung und Produktion den Löwenanteil aus, wohingegen auf der Seite der konventionellen Energien Folgekosten in unabsehbarer Größenordnung anfallen. Perspektivisch gesehen lässt grüner Strom in der Zukunft tendenziell eine Entlastung erwarten, wohingegen es sich beim konventionellen Strom umgekehrt verhält. Wann immer also behauptet wird, der Ökostrom werde uns in den nächsten Jahren teuer zu stehen kommen, kann angesichts dieser absehbaren Entwicklungen nicht von den Kosten der Stromproduktion die Rede sein, sondern allenfalls vom Strompreis. – Und das ist eine ganz andere Geschichte.

## Der Strompreis steigt

Strom wird an einer Börse gehandelt, die den Preis von Minute zu Minute auf der Grundlage von Angebot und Nachfrage neu berechnet. Dieser Börsenpreis richtet sich nach den variablen Kosten, die die Betreiber von Kraftwerken haben – in erster Linie sind das die Ausgaben für Brennstoffe. Anders als bei den fossilen Energien fallen bei Wind- und Solarstrom jedoch keine Brennstoffkosten an, weshalb der Anteil an Kosten, der von ihnen in den aus allen gehandelten Energien errechneten Börsenpreis einfließt, praktisch bei null liegt. Je mehr erneuerbare Energien nun in den an der Börse gehandelten Energiemix einfließen, desto stärker sinkt der Börsenpreis. Hier schlägt sich bereits die Tatsache nieder, dass grüne Anbieter in Bezug auf die Brennstoffkosten immer günstiger produzieren können als konventionelle Anbieter. Das ist schlecht für die Energieversorger, die ihren Strom immer billiger verkaufen müssen, aber gut für den Verbraucher. Sagen wir, es *wäre* gut für den Verbraucher, wenn dieser Preisverfall bei ihm ankäme und auch seine Stromrechnung niedriger würde. Da dies aber nicht der Fall ist, stellen sich zwei Fragen: Warum ist der Strom teuer? Und: Ist es wirklich der grüne Strom, der den Preis in die Höhe treibt?

Die Situation ist wahrlich paradox: Der grüne Strom macht den Börsenpreis billiger, doch der Strompreis insgesamt steigt. Das liegt an der EEG-Umlage: Ihre Höhe errechnet sich nämlich aus der Differenz zwischen einer festgesetzten Vergütung und dem Börsenpreis. Beträgt letzterer zum Beispiel 5 Cent, während man einem Windenergieanbieter die Abnahme seines Stroms zu einem Festpreis von 13 Cent versprochen hat, so werden die 8 Cent Differenz auf den Strompreis umgelegt. Sie sind die Basis, aus der die Umlage berechnet wird. Die Kosten, die durch diese Vergütung entstehen, berechnen sich zum einen aus der Menge des produzierten Ökostroms, die mit dem Betrag aus der Differenz des für die einzelnen Energieformen unterschiedlichen Festpreises und dem Börsenpreis – den 8 Cent aus unserem Beispiel– multipliziert wird. Zum anderen werden diese Kosten dann gegen Effekte aufgerechnet, die aus zahlreichen Ausnahmeregeln entstehen, z.B. Einnahmen, die aus dem Direktverkauf von Strom oder durch vermiedene Netzentgelte entstehen. Erst aus dieser Rechnung ergeben sich die eigentlichen Differenzkosten, die sich dann als EEG-Umlage im Endkundenpreis wiederfinden. Sinkt nun der Börsenpreis, dann erhöht sich die Umlage.

Auf diese Weise steigt der Strompreis, je mehr grüner Strom gehandelt wird. Hinzu kommt, dass die Vergütung für jede einzelne Kilowattstunde anfällt, die in das Netz eingespeist wird. Mit dem Zuwachs von grünem Strom steigt daher auch die Umlage. Im Oktober 2012 wurde deshalb zuletzt eine beträchtliche Erhöhung der EEG-Umlage festgesetzt – von 3,59 auf 5,277 Cent –, da die Produktion und der Verkauf von Ökostrom in den letzten Jahren deutlich angestiegen sind. Der Strompreis klettert jedoch nicht aufgrund gestiegener Kosten in die Höhe, sondern deshalb, weil die EEG-Umlage keine Subvention darstellt. – Oder, da der Subventionsbegriff umstritten ist: Die EEG-Umlage wird nicht aus der Staatskasse bezahlt, sondern durch den Verbraucher. Er hat diesen per Gesetz geregelten und für jede Kilowattstunde Strom zusätzlich anfallenden Betrag zu tragen. Je mehr grünen Strom wir verbrauchen, desto mehr nichtöffentlich finanzierten Strom bezahlen wir.

Und damit kehren wir wieder an den Anfang des Kapitels zurück: Egal, aus welcher Energiequelle wir Strom produzieren und verbrauchen, der Staat ist immer beteiligt. Den freien Strommarkt, der sich allein durch Angebot und Nachfrage selbst reguliert, gibt es nicht – weder auf nationaler noch auf internationaler Ebene. Entzieht die öffentliche Hand den Energieversorgern die Subventionen, wird es für den Verbraucher teurer. Das wäre auch dann so, würde man die Subventionen für Atom- oder Kohlestrom aufgeben bzw. nicht mehr aus öffentlichen Mitteln bezahlen, sondern in den Strompreis miteinrechnen.

Man könnte es auch so formulieren: Die Verschiebung von einer Subvention aus öffentlichen Mitteln hin zu einem festgesetzten Strompreis, durch die sich der Staat als Finanzier aus der Stromförderung zurückzieht und den Privatkunden dafür stärker in Haft nimmt, wurde durch politische Regelungen an den Ausbau erneuerbarer Energien geknüpft. Zwar profitieren auch die erneuerbaren Energien von staatlichen Fördergeldern, etwa im Bereich der Forschung, doch den weitaus größten Teil der Unterstützung tragen die Stromkunden. Als Marktinstrument hat das Erneuerbare-Energien-Gesetz dabei hervorragende Dienste geleistet und den Ausbau des Ökostroms weit vorangebracht. Im internationalen Vergleich schneidet es im Ergebnis wesentlich besser ab als andere Modelle, weshalb zum Beispiel Großbritannien sich gerade von seiner bisherigen Politik abwendet und auf ein dem EEG ähnliches Finanzierungsmodell umschwenkt. Weltweit kopieren 40 Länder das deutsche EEG in verschiedenen Varianten, darunter China und Japan sowie 18 EU-Staaten.

Der Anstieg des Strompreises, den wir derzeit erleben, ist einer Veränderung der Marktregulierung geschuldet: Strom wird nicht zu teuer, sondern er war jahrelang zu billig. In einer ehrlichen Debatte um steigende Strompreise müsste man deshalb die Frage diskutieren, ob es Aufgabe des Staates ist, niedrige Strompreise zu gewährleisten und damit aus Steuermitteln zu finanzieren – so wie dies jahrzehntelang der Fall war. An einer solchen Diskussion hat die Politik jedoch das geringste Interesse, die im Zeichen der ständig wachsenden Staatsverschuldung ohnehin schon mit knapper werdenden Mitteln kämpft. Ihr kommt es durchaus entgegen, dass der Stromkunde in Zukunft stärker belastet wird und man dafür nicht unpopuläre Steuererhöhungen diskutieren muss, sondern mit Verweis auf Klimawandel und Umweltschutz an den Idealismus der Bürger appellieren kann.

## Der Strompreis steigt weiter

Die EEG-Umlage wird in der öffentlichen Diskussion als der ausschlaggebende Faktor für die Steigerung des Strompreises dargestellt. Sie fällt für den Ökostrom an, und damit ist es seine Finanzierung, die all jene erdrückt, die sich immer höhere Rechnungen nicht leisten können. Der Anteil der EEG-Umlage am Strompreis beläuft sich aktuell jedoch nur auf rund 8,8 Prozent. Etwa 35 Prozent fallen für Energiebeschaffung und Vertrieb an, ca. 22 Prozent für die Nutzung der Stromnetze, die restlichen Komponenten bilden Steuern und Abgaben. Der Strom ist in den vergangenen Jahren tatsächlich teurer geworden, und der Preis wird auch weiterhin steigen. Die Ursachen dafür sind allerdings vielfältig: Gas- und Kohlepreise spielen ebenso eine Rolle wie mangelnder Wettbewerb unter den Anbietern, und auch der Netzausbau wird sich auf den Handel auswirken. Jene, die behaupten, allein die Energiewende werde in Zukunft zu einer Explosion der Strompreise führen, beziehen sich jedoch allein auf die EEG-Umlage. Die feste Vergütung von grünem Strom wird über längere Zeiträume von meist 10 oder 20 Jahren garantiert. Deshalb, so befürchten viele, wird sie uns teuer zu stehen kommen, je mehr Unternehmer in die Produktion von Ökostrom einsteigen. Das Problem besteht dabei nicht in der Art des Stroms, sondern in der Konstruktion des EEG, weshalb dieses Gesetz, trotz seiner positiven Wirkungen für den Ausbau der erneuerbaren Energien, viele nachträgliche Regelungen erforderte.

Sicher ist: Durch die zunehmend höheren Strompreise, die wir bezahlen, wird der Staat in der Energieversorgung entlastet und der Verbraucher belastet. Man mag das für gerecht oder ungerecht, für politisch richtig oder falsch halten, Hauptursache ist jedenfalls nicht die Art der Energiequelle, sondern die Art der Finanzierung unserer Energieversorgung. Da dies jedoch den wenigsten klar ist, eignet sich die EEG-Umlage hervorragend dazu, den grünen Strom zu verunglimpfen und so den Wähler zu manipulieren. Denn dessen Idealismus stößt schnell an seine Grenzen, wenn er sich im eigenen Geldbeutel bemerkbar macht. Dabei ist die Geschichte der Irrtümer über den Strompreis hier noch nicht zu Ende: In der falschen Darstellung des Zusammenhangs von Ursache und Wirkung, von Kosten und Preis stecken zwei weitere Unwahrheiten. Der Privatkunde zahlt noch weit mehr, als es die Konstruktion der EEG-Umlage allein erfordert.

Die eine Unwahrheit betrifft das Verhältnis des Börsenpreises zur EEG-Umlage: Im August 2012 errechnete der Energieexperte Gunnar Harms im Auftrag der Bundestagsfraktion Die Grünen, dass die Preise im Stromeinkauf 2011 um 10 bis 20 Prozent gefallen sind. Würden diese Effekte an den Verbraucher weitergegeben, müsste der Strompreis rund 2 Cent je Kilowattstunde niedriger sein, heißt es in der Presse dazu, die Harms am 24. August 2012 zitiert: »In den letzten fünf Jahren zeigt sich, dass gestiegene Einkaufspreise stets unverzüglich weitergegeben wurden, Preissenkungen hingegen nicht, zumindest nicht an das Kundensegment der Haushaltskunden.« Der Anstieg der EEG-Umlage im Strompreis könnte also durch den sinkenden Börsenpreis zumindest teilweise ausgeglichen werden. Anstatt jedoch preissenkende Effekte an die Kunden weiterzugeben, erhöhen die Energieversorger lieber ihre Gewinne. – Und schwärzen gleichzeitig den grünen Strom und die dahinterstehende Ökopolitik an, die sie leider dazu zwinge, den Kunden so zu schröpfen.

Die zweite Unwahrheit über den Strompreis besteht in der Tatsache, dass energieintensive Industrien von der Zahlung der EEG-Umlage befreit sind und dieses Privileg ebenfalls vom privaten Stromverbraucher finanziert wird. Denn je weniger Industriebetriebe die Umlage auf den von ihnen verbrauchten Strom zahlen, desto höher ist die Summe, die auf alle zahlenden Kunden verteilt wird. Verschiedene Studien haben errechnet, dass durch die Befreiung der energieintensiven Industrie rund ein Viertel der insgesamt anfallenden Summe zusätzlich von den übrigen Verbrauchern gezahlt wird. Industriebetriebe mit einem hohen Stromverbrauch befürchten, dass ihnen durch die hohen Energiekosten in Deutschland ein Wettbewerbsnachteil entsteht. Sie drohen deshalb damit, ihre Produktion ins Ausland zu verlagern. Die Wahrheit sieht anders aus: Durch die zunehmende Einspeisung erneuerbarer Energien sinken die Industriestrompreise und erzeugen einen Wettbewerbsvorteil für diese Industrie. Doch auch Betriebe, die nicht abwanderungsgefährdet sind, zahlen häufig keine Umlage, obwohl, wie selbst die Bundesnetzagentur im März 2012 feststellte, der Wettbewerbsfaktor für sie keine Rolle spielt.

In vielen Bereichen, von der Steinkohle bis zur Landwirtschaft, unterstützen Staaten ihre Wirtschaft durch Subventionen und verschaffen ihnen so die notwendigen Voraussetzungen für das Bestehen im internationalen Wettbewerb. Die Politik mag über jede einzelne dieser Subventionen streiten und die Privilegierung der energieintensiven Industrie berechtigt sein, doch ganz gleich, ob man sie für sinnvoll erachtet oder nicht: Subventionen sind Aufgabe des Staates. Mit der Befreiung der energieintensiven Industrie von der EEG-Umlage und ihrer Umverteilung auf die übrigen Stromkunden wird die Unterstützung der heimischen Wirtschaft jedoch dem Verbraucher in Rechnung gestellt. – Das nenne ich eine einigermaßen abenteuerliche Subventionspolitik. Man könnte auch sagen: Hier wird der Bürger betrogen.

Hinzu kommt ein kurioser Effekt: Unternehmen, die Energie einsparen, drohen damit unter die Grenze des Verbrauchs zu fallen, bei dem sie von der Zahlung der Umlage befreit werden. Wenn der Energieverbrauch also zu sehr sinkt, wirkt sich das auf die Rechnung genau gegenteilig aus. Das führt dazu, dass manche Betriebe ihre Maschinen auch nachts und an Feiertagen laufen lassen, um so von der Zahlung freigestellt zu werden. Durch die Konstruktionsfehler im Gesetz belasten solche Tricks nicht nur die Umwelt, sondern wiederum das Konto der privaten Verbraucher.

## Wer zehnmal lügt, dem glaubt man dann

Der Strompreis steigt. Diese Tatsache ist unbestritten. Fassen wir also noch einmal zusammen: Für den Ausbau der erneuerbaren Energien bezahlen wir die EEG-Umlage, und damit erhöht sich unser Strompreis. Das ist in Ordnung, wenn wir bereit sind, für eine nachhaltige Energieversorgung einzustehen. Nicht in Ordnung ist, dass man uns vorgaukelt, der Atomstrom sei billig zu haben und die Umweltschäden aus Kohlekraftwerken seien zu vernachlässigen. Auf diese Weise wird dem grünen Strom das falsche Etikett eines Luxusproduktes angeheftet, das sich nur eine reiche Gesellschaft leisten kann. In Wahrheit zieht der Staat sich aus der Verantwortung, indem er Abgaben auf den Stromkunden abwälzt, die vorher aus der Staatskasse bezahlt wurden. – Oder die, wie es bei der Befreiung der energieintensiven Industrie der Fall ist, noch heute aus der Staatskasse bezahlt werden sollten.

Gleichzeitig nutzt solche Politik jenen in doppelter Weise, die gegen erneuerbare Energien zu Felde ziehen: Einerseits haben sie einen Schuldigen für ihre überzogenen Stromrechnungen. Gebetsmühlenartig wiederholen sie die Behauptung, der Ökostrom sei so kostenintensiv, dass er uns in den Ruin treiben wird. Andererseits nutzen sie die EEG-Umlage zu Propagandazwecken, um so die Energiewende auszuhebeln oder wenigstens zu bremsen und dafür mehr Kohlekraftwerke zu bauen.

Es ist erschütternd, mit anzusehen, wie sich Missverständnisse, Irrtümer und Fehlinformationen über den Strompreis in den Köpfen der Bevölkerung festgesetzt haben. Als ich im Frühjahr 2012 für das Schattenkabinett von Norbert Röttgen als Energieministerin nominiert war, erlebte ich dies auf unseren Wahlkampfreisen durch Nordrhein-Westfalen. Große Teile des Mittelstands und der CDU-Basis waren – und sind – gegen die Energiewende, weil sie der Behauptung Glauben schenken, der Strompreis ruiniere die Wirtschaft. Das überraschte mich insofern besonders, als die Energiewende ja gerade den unternehmerischen Mittelstand stärkt. Doch immer wieder erzählten mir Unternehmer während der Wahlkampfveranstaltungen, dass Betriebe durch die hohen Strompreise in den Bankrott getrieben würden. Besonders in Erinnerung ist mir ein Stahlhersteller, der aus diesem Grund schließen musste. Ihm sagten die Energieversorger, schuld an den hohen Strompreisen sei die Energiewende. Schaut man sich jedoch die Stromrechnungen der vergangenen Jahre genau an, zeigt sich, dass fast ausschließlich steigende Gas- und Kohlepreise, fehlender Wettbewerb zwischen den Großkonzernen und andere Faktoren für die steigenden Strompreise verantwortlich sind. Allerdings sind bis dato selbst Versuche des Kartellamts gescheitert, die Strompreise transparent zu machen, die den Verbrauchern von den Konzernen einfach diktiert werden. So können die Energieunternehmer problemlos erklären, die Energiewende sei schuld an den hohen Preisen, während sie in Wahrheit saftige Gewinne einfahren: Allein die drei Konzerne RWE, Eon und EnBW konnten ihre Gewinne zwischen 2002 und 2010 versiebenfachen und nahmen in diesem Zeitraum zusammen 100 Milliarden Euro ein.

Wer einmal zum Sündenbock geworden ist, wird häufig auch noch Opfer von Mitläufern: Ausgerechnet die Deutsche Bahn sprang unlängst auf den fahrenden Zug auf und begründete ihre jährlich fälligen Preiserhöhungen im Herbst 2012 mit – Sie ahnen es wohl schon – steigenden Energiekosten! Gerade die Bahn, die sich zu den Vorreitern der grünen Wirtschaft zählt und sich auf einem Titelblatt der *Wirtschaftswoche* zum Thema Energie stolz als grünes Unternehmen abbilden ließ. Erst vor kurzem verkündete der Konzern, seinen Anteil an Ökostrom erhöhen zu wollen. Von der EEG-Umlage ist er als energieintensives Unternehmen jedoch bisher nicht betroffen. Und nun sollen Energiekosten als Grund für die Erhöhung der Fahrkartenpreise herhalten.

Ist es nicht schön, dass wir plötzlich für alles einen Schuldigen haben? Am Ende werden wir bereit sein zu glauben, die internationale Bankenkrise sei ebenfalls eine Folge zu hoher Stromkosten.

# 6. Es droht ein Kosten-Tsunami

Der Strompreis steigt. Seit Jahren wird Strom teurer, und daran wird sich so bald nichts ändern. Dafür gibt es viele Gründe: Etwa die Hälfte aller Kraftwerke in Deutschland geht aus Altersgründen vom Netz und muss durch neue ersetzt werden. Die Preise für Brennstoffe steigen tendenziell stärker, als sie fallen. Die Stromnetze sind durchschnittlich zwischen 30 und 50 Jahre im Dienst und bedürfen einer gründlichen Sanierung. Ganz egal, wie die Politik in den nächsten Monaten entscheidet: In der Vergangenheit kletterte der Strompreis stetig nach oben, und er wird es weiterhin tun. Auch ohne die Energiewende.

Die Schlagzeilen in den Medien zeichnen jedoch ein anderes Bild: Als die Bundesnetzagentur am 15. Oktober 2012 den Anstieg der EEG-Umlage von 3,59 auf knapp 5,3 Cent pro Kilowattstunde verkündete, hörte ich von allen Seiten, so auch unter Freunden, Nachbarn und Bekannten, den Stoßseufzer: »Das war ja klar, dass die Energiewende teuer wird.« Und so suggestiv wie die Medienberichte klingen auch diese Kommentare, in denen der Vorwurf mitschwingt: »Sehen Sie, Frau Kemfert, das Projekt Ökostrom bleibt eine Idee von realitätsfernen Spinnern, für die wir nun die Zeche zahlen werden.«

Was derzeit geschieht, beschreibt ein Bericht in der *Financial Times Deutschland* vom 12. Oktober 2012 so: »Lobbyisten feuern in diesen Tagen eine Studie nach der anderen ab. Gewonnen hat, wer am Ende die meisten Menschen davon überzeugt, dass die anderen verantwortlich für die Mehrkosten sind.« Leider gewinnen die Gegner der erneuerbaren Energien zunehmend die Oberhand, denn obwohl sich in den Kommentaren in Rundfunk, Fernsehen und den Zeitungen zunehmend auch Befürworter des Wandels zu Wort melden, haben sie die reißerischen Schlagzeilen auf ihrer Seite:»Ökostrom-Abgabe steigt auf Rekordniveau« (*Spiegel Online*),»Strompreis-Hammer: Ökostrom-Umlage steigt um fast 50 Prozent« (*BILD*), hieß es Mitte Oktober. Da hilft es nichts, dass manche Berichterstatter das Geschehen durchschauen und auf die Schieflage in der öffentlichen Debatte hinweisen:»Es ist etwas paradox. Höhere Mieten, Sprit- und Heizkosten schlagen bei den meisten Verbrauchern weit stärker zu Buche als die Stromkosten. Aber um diese ist durch die auf ein Rekordniveau steigende Umlage zur Förderung erneuerbarer Energien eine heftige Debatte entbrannt«, ist zum Beispiel in der *FAZ* vom 15. Oktober 2012 zu lesen. Wie anders würde unser Urteil ausfallen, wenn die einschlägigen Zeitungen titelten:»Strompreis-Hammer: Brennstoffpreise machen herkömmlichen Strom unbezahlbar« oder »Steigender Ölpreis treibt Energiekosten auf Rekordniveau«. Doch solche Schlagzeilen werden nicht gedruckt. Dabei wären sie genauso berechtigt. Man kann es nicht oft genug wiederholen: Ja, die Energiewende kostet, aber alle anderen Arten der Stromerzeugung werden ebenfalls teurer. Egal, was wir tun.

Die Gegner des Ökostroms haben den entscheidenden Vorteil, etwas zu verteidigen, das wir bereits kennen – wohingegen die Umstellung auf erneuerbare Energien ein Vordringen in ungewisse Gefilde bedeutet. Oder, wie Klaus Töpfer, ehemals Umweltminister und Direktor des Umweltprogramms der Vereinten Nationen, mir einmal sagte: Die Lobbyisten der Vergangenheit sind stärker als die Lobbyisten der Zukunft. Der

Verbraucher, dessen Empörung durch solch eine einseitige Berichterstattung geschürt wird, hält sich für kritisch und selbstbestimmt und wird doch hinters Licht geführt. Denn sollte der Widerstand gegen den Ökostrom Erfolg haben, so wären am Ende nicht die Stromkunden, sondern die großen Energiekonzerne und die Kohlekraftlobby die Gewinner. Sie werden die Energiewende nicht mehr aufhalten können. Aber sie fügen uns großen Schaden zu, denn sie blockieren mit ihren Attacken Kräfte, die für einen erfolgreichen Umbau an anderer Stelle unbedingt benötigt werden.

Eine der verbalen Keulen, die im Kampf gegen den Strom aus erneuerbaren Energien häufig zum Einsatz kommt, ist die Wortneuschöpfung »Kosten-Tsunami«. Sie soll eine Riesenwelle monetärer Belastungen beschreiben, die angeblich infolge des Erneuerbare-Energien-Gesetzes auf uns zurollt und sich anschickt, unsere wirtschaftliche Existenz fortzuspülen. Eine Metapher, die im Licht der europaweiten Finanzkrise, in der Billionen auf dem Spiel stehen, maßlos überzogen scheint. Ihr Erfinder ist das Rheinisch-Westfälische Institut für Wirtschaftsforschung, kurz RWI. (Von der womöglich durch die Namensähnlichkeit suggerierten Nähe zum Energiekonzern RWE sollte sich niemand in die Irre führen lassen – auch wenn Dr. Rolf Pohlig, der seit Juni 2008 als Präsident der Gesellschaft der Freunde und Förderer des RWI fungiert, gleichzeitig Finanzvorstand der RWE AG ist und sein Vorgänger in diesem RWI-Amt der ehemalige Vorstandsvorsitzende der RWE AG Dr. Dietmar Kuhnt war.) Bisweilen lässt das RWI sich seine Studien von einem klimaskeptischen Institut in den USA finanzieren, dessen Verbindung zur Lobby der Kohle- und Ölproduzenten bekannt und berüchtigt ist. Darauf mussten jedoch erst die Autoren der ARD-Sendung »Monitor« hinweisen: In einigen Studien hatte das RWI die gesetzlich vorgeschriebene Nennung der Geldgeber »vergessen« und wusste, so der verantwortliche Mitarbeiter, Prof. Dr. Manfred Frondel, auch gar nicht so genau, wer sich eigentlich hinter den Sponsoren verbirgt. – Geht es Ihnen auch manchmal so, dass Sie nicht wissen, von wem Sie bezahlt werden?

Zu einer Drohkulisse, die in Angst und Schrecken versetzen soll, gehören bedrohliche Zahlen. Die Berechnungen, die den »Tsunami-Warnungen« des RWI zugrunde liegen, folgen einem bestimmten Muster, das zum Beispiel so aussieht: Für die bereits installierten Solardächer werden die Stromkunden in den nächsten 30 Jahren 64 Milliarden Euro bezahlen – über die EEG-Umlage. 64 Milliarden, das klingt beeindruckend. Teilt man die Summe durch 30 Jahre, kommt man auf 2,13 Milliarden pro Jahr. Zieht man noch die Brennstoffkosten ab, die durch den Solarstrom eingespart werden, kommt man auf nur noch 1,82 Milliarden im Jahr. (Eine andere Studie des Wuppertal Instituts, das die Rechnung des RWI überprüfte, kam gar auf insgesamt nur 55 statt der vom RWI berechneten 64 Milliarden.) Dies alles klingt schon weitaus weniger beeindruckend. – Doch welche Botschaft verbirgt sich hinter dieser Rechnerei? Genauso könnte man sagen: Wir bezahlen 90 Milliarden Euro im Jahr für Brennstoffe. Im Jahr! Wäre es da nicht eine gute Idee, ein paar zusätzliche Milliarden zu investieren (knapp 2 Milliarden für Solarstrom), um die Kosten für Brennstoffe in Zukunft einzusparen? Doch niemand kommt auf die Idee, 90 Milliarden an Brennstoffkosten auf 30 Jahre hochzurechnen. Dem 64 Milliarden Euro teuren Solarstrom stünden dann 2700 Milliarden Euro Brennstoffkosten gegenüber.

Der Kosten-Tsunami ist ein Zahlenspiel, das die Realität keineswegs beschreibt. – Auch wenn ihm ein nicht ganz abwegiger Gedanke zugrunde liegt: Das EEG sieht eine feste Vergütung für Strom aus den verschiedenen erneuerbaren Energiequellen vor. Angenommen, das wären zum Beispiel 5 Cent pro Kilowattstunde für aus Wind gewonnenen Strom oder 20 Cent pro Kilowattstunde für Solarstrom (der genaue Satz variiert je nach Leistung einer Solaranlage; derzeit liegen die Sätze zwischen 13,5 und 19,5 Cent). Diese Vergütung fällt für jede produzierte Kilowattstunde an. Das bedeutet, wenn sich die Menge des produzierten Ökostroms erhöht (zum Beispiel von 100 auf 300 Kilowattstunden), dann steigt auch der Betrag der vergüteten Menge (von 100 mal 20 Cent auf 300 mal 20 Cent). Es wird also deutlich teurer. Denn, und darin sehen die Kritiker des EEG den entscheidenden Haken, jede Kilowattstunde wird vergütet, egal, ob der Strom beim Verbraucher ankommt oder nicht. Die Rede vom Kosten-Tsunami suggeriert, dass es sich hierbei um unkontrollierbar steigende Kosten handelt, die sich wie viele kleine Wellen zu einer immer mächtigeren Wassermasse auftürmen – wenn wir der Energiewende oder zumindest dem EEG in seiner jetzigen Form nicht Einhalt gebieten. Das ist jedoch nur richtig, solange man alle anderen Faktoren ausblendet, die letztendlich für die Entwicklung des Strompreises verantwortlich sind, denn die Realität sieht schon heute anders aus. So sinkt der Vergütungssatz nach der letzten EEG-Novelle bereits rasch, die Kosten für den weiteren Zubau der erneuerbaren Energien werden also immer geringer.

In der Energiewirtschaft besteht zwischen den Kosten und dem Preis von Strom ein großer Unterschied, wie im vorangegangenen Kapitel bereits ausführlich erläutert wurde. Die EEG-

Umlage erhöht sich zum Jahr 2013 um 1,7 Cent, doch nur 0,2 Cent davon fallen für die reinen Produktionskosten an. Wenn aber die Herstellung des grünen Stroms gar nicht mehr so teuer ist, warum steigt die Förderung dann so stark an? Weil wir die EEG-Umlage nicht allein wegen der mit dem Ökostrom verbundenen Produktionskosten bezahlen, sondern aus ökonomischen Gründen. Sie ist ein marktregulierendes Instrument. Gerade der Umstand, dass die EEG-Umlage nur zu einem geringen Teil zur Finanzierung der *Produktion* von Ökostrom dient, macht aber die auf uns zukommenden Kosten kontrollierbar: Denn natürlich ist es möglich, die Förderung des Ökostroms den Veränderungen des Marktes anzupassen. Der Gesetzgeber hat dies bereits mehrfach getan. So wurde für die Vergütung für Solaranlagen ein sogenannter atmender Deckel festgesetzt: Je mehr Solaranlagen gebaut werden, desto schneller sinkt die Vergütung. Aktuellen Prognosen zufolge wird die EEG-Umlage daher nicht unkontrolliert explodieren, sondern bis spätestens 2020 noch leicht steigen und danach wieder fallen. Manche Prognosen gehen sogar davon aus, dass die Umlage schon 2014 fallen wird, unter anderem deshalb, weil die Förderung neuer Photovoltaikanlagen bereits massiv gekürzt wurde. Das liegt wiederum daran, dass die Produktion von Solarstrom in den letzten zwei Jahren wider Erwarten deutlich billiger geworden ist. Ausgerechnet die von allen Seiten als unbezahlbar verteufelte Solarenergie ist damit zu einem echten Erfolgsmodell geworden. – Und wie steht es um den Strom, den wir bezahlen, obwohl er nicht in die Netze eingespeist werden kann? Dies passiert insbesondere bei den Windanlagen in Norddeutschland, die häufig mehr Energie produzieren, als die Netze transportieren können. Auf diese Weise ist in den letzten

Jahren 0,5 Prozent des in Windanlagen produzierten Stroms verloren gegangen – eine verschwindend geringe Menge.

## Schein und Sein: Die Mär vom freien Strommarkt

Obwohl die Produktion des grünen Stroms nicht den eigentlichen Kostenfaktor darstellt, wäre es verfrüht, die EEG-Umlage und damit die Förderung von Ökostromanbietern jetzt schon einzustellen. Jene, die mit dem Horrorszenario vom Kosten-Tsunami gegen das EEG streiten, argumentieren, das Gesetz schränke den Wettbewerb ein, weil der Stromproduzent durch die fest garantierte Vergütung nicht gezwungen ist, so billig wie möglich zu produzieren. Sie wollen stattdessen eine Regelung, die scheinbar marktwirtschaftlicher wäre, indem sie nur jene Ökostromanbieter begünstigt, die ihren Strom zu den niedrigsten Preisen verkaufen können. Tatsächlich kennen wir dies als Gesetz des freien Marktes, der sich durch Angebot und Nachfrage selbst reguliert. Doch der Strommarkt ist nicht frei, und hinter dem Kampf gegen das EEG steckt nicht der Wunsch nach mehr Wettbewerb (der dem Verbraucher zugutekäme), sondern der Wunsch nach dem Erhalt des Status quo. Würde man die EEG-Umlage kappen, würden sich in absehbarer Zeit die großen Konzerne und mit ihnen vornehmlich große Offshore-Windparks durchsetzen. Da sie den Markt längst unter sich aufgeteilt haben, würden sie alle anderen Technologien und die hinter ihnen stehenden Kleinanbieter verdrängen. Damit hätten wir in Zukunft wieder wenige große Energieversorgungsunternehmen, denen der Markt gehört und die uns durch Absprachen untereinander höhere Preise diktieren können. – Das ist das Gegenteil von Wettbewerb. Es verhält sich also genau umgekehrt: Das EEG schränkt den Wettbewerb nicht ein, sondern soll im Nachhinein geradebiegen, was Politik und Kartellamt in Schieflage gebracht haben. Es dient der Auflösung des Machtknäuels aus wenigen Konzernen, um so Raum für neue Anbieter zu schaffen. Als marktregulierendes Instrument stützt die Umlage kleine und mittlere Stromproduzenten und sorgt so für eine stärker dezentralisierte Versorgungslandschaft, die in Zukunft durch Ökostrom und starke Stadtwerke gekennzeichnet sein soll. Langfristig wird dies zu mehr Wettbewerb führen, da die Marktanteile, die sich im Moment bei den großen Energiekonzernen bündeln, auf eine weitaus größere Zahl an kleineren Anbietern verteilt werden.

Es mag auf den ersten Blick paradox erscheinen: Natürlich stellt das EEG einen Eingriff in den Wettbewerb dar. Doch die Politik der Vergangenheit, die Subventionen von Atomenergie und Steinkohle, die Entstehung des Oligopols großer Konzerne haben ebenso wettbewerbsverzerrend gewirkt und den Wettbewerb überhaupt stark beschädigt. Es ist scheinheilig, das Erneuerbare-Energien-Gesetz als Instrument einer Planwirtschaft zu bezeichnen, als das klassische Gegenmodell zum freien Wettbewerb. Denn alle Beteiligten wissen, dass es den gänzlich von staatlicher Regulierung freien Markt nur in ökonomischen Utopien gibt. Der Staat setzt immer Rahmenbedingungen, und er tut gut daran, die Stromversorgung nicht völlig aus der Hand zu geben.

## Die Kosten sind Investitionen

Hält man sich das Ausmaß von Tsunami-Katastrophen wie zuletzt vor der Insel Sumatra (2004) und in Japan (2011) vor Augen, wird deutlich, wie unangemessen die Metapher vom Kosten-Tsunami ist. Die Stromkosten machen derzeit 2,3 und bald 2,5 Prozent der Konsumausgaben eines Durchschnittshaushalts aus. Die meisten Menschen wissen weder, wie viel Strom sie verbrauchen, noch, was sie bezahlen. Existenzielle Angst sieht anders aus. Darüber hinaus ist das Bild jedoch auch sachlich falsch, und dies nicht nur wegen seiner simplen Mathematik: Bei den Kosten, die für den Ausbau der erneuerbaren Energien anfallen, handelt es sich zum allergrößten Teil um Investitionen. Ihr großer Vorzug ist es, dass sie sich an anderer Stelle auszahlen. Das Geld kommt zurück. Bereits heute sinkt die deutsche Gesamtrechnung für Gas, Öl, Kohle und Uran durch den Ökostrom um 6 Milliarden Euro im Jahr. Doch das ist gar nicht der bedeutendste Posten. Wichtiger und erfreulicher ist, dass sich der Ausbau der erneuerbaren Energien zu einem starken Motor für neues Wirtschaftswachstum entwickelt hat: Durch die neuen Technologien und ihre Produktion entstehen ganze Wirtschaftszweige, die unserer Volkswirtschaft neue Arbeitsplätze und damit zusätzlichen Wohlstand bringen. Ganz anders sieht es mit den Ausgaben für Brennstoffe aus: Den weitaus größten Teil an Kohle, Öl und Gas importieren wir. Damit sind wir abhängig von internationalen Märkten, und das Geld fließt in die Taschen von Öl- und Gasmultis in Russland oder anderen Staaten. Dort nutzt es der deutschen Volkswirtschaft herzlich wenig. Brennstoffkosten stellen eine echte finanzielle Belastung dar. Steigt beispielsweise der Ölpreis von 100 auf 120 US-Dollar, kostet das die deutsche Volkswirtschaft bis zu 20 Milliarden Euro – in einem Halbjahr! Ein einfacher Anstieg des Ölpreises zwingt uns zu Mehrausgaben, die nicht den geringsten Nutzen bringen. Er trifft auch den Privatkunden in vielen

Lebensbereichen, denn am Ölpreis hängt eine ganze Kette von Kosten: Benzin (und damit alle Transportmittel), Heizung, die Lebensmittelproduktion – alles wird teurer, wenn der Ölpreis steigt. Hier gibt es echte Kosten-Tsunami-Effekte – wenn man dieses Unwort schon bemühen will.

Wer investiert, rechnet gewöhnlich die Kosten gegen den Nutzen auf, den er sich von seinen Ausgaben erwartet. Die Agentur für Erneuerbare Energien hat in einer Aufstellung für das Jahr 2011 ermittelt, wie die Kosten sich zum Nutzen verhalten, der der deutschen Volkswirtschaft durch die erneuerbaren Energien entsteht. Daraus ergibt sich ein Bild, das den Tsunami im übertragenen Sinne so fernliegend erscheinen lässt wie die echten Tsunamis, die bisher auch nicht zu den in Europa erwartbaren Naturkatastrophen gehören. Nach dieser Rechnung werden die 13,5 Milliarden Euro, die 2011 als EEG-Umlage gezahlt wurden, durch die kommunale Wertschöpfung (ca. 7,5 Milliarden), die vermiedenen Energieimporte (2,9 Milliarden) und den sinkenden Börsenpreis (2,8 Milliarden) schon nahezu ausgeglichen. Und das, obwohl diese Gleichung die durch erneuerbare Energien vermiedenen Umweltschäden noch außen vor lässt. Dabei rollt durch die Umweltschäden bereits eine weitere Kostenwelle auf uns zu.

Die Energieversorgung ist ein volkswirtschaftliches Gut. Investitionen, wie sie jetzt durch die Energiewende anfallen, hat unsere Gesellschaft auch in der Vergangenheit immer getätigt. Sie steigen in der Umbauphase an – das erleben wir jetzt, aber sie zahlen sich am Ende aus. Meist hat die Wirtschaft davon in noch stärkerem Maße profitiert als der private Verbraucher. Auch dies ist aus der Vergangenheit hinlänglich bekannt: Schon die Umstellung von Kohle- auf Atomstrom wurde von der Politik initiiert und betrieben. Zunächst wehrten sich die Energieversorger, denn der Bau von Atomkraftwerken verursachte enorme Kosten. Doch schon bald fuhren die Betreiber saftige Gewinne ein, nicht zuletzt mit Hilfe von staatlichen Subventionen und einer Politik, die ihnen manch unangenehmes Problem – wie zum Beispiel die Suche nach Endlagern für den Müll – abnahm. Dies ist leider auch ein Beispiel dafür, wie die Gewinne meist privatisiert, die Kosten aber sozialisiert werden. So war es bei der Atomenergie, so ist es bei den Stromnetzen. Hier wird deutlich, was der Streit um das EEG überdeckt: Die Politik diskutiert darüber, *was* wir bezahlen (grünen Strom oder doch lieber Kohle?) und erklärt dem Verbraucher, jeder zusätzliche Cent auf seiner Stromrechnung sei auf die Energiewende zurückzuführen. Auf diese Weise lenkt sie davon ab, worum es ebenfalls geht: die Frage, *wer* bezahlt.

### Das EEG als Sündenbock

Das Ärgerliche am Streit über das EEG ist, dass die Debatte um ein marktregulierendes Instrument, hinter der sich nicht zuletzt ein Verteilungskampf verbirgt, den Ausbau der erneuerbaren Energien in Misskredit bringt. In seiner gegenwärtigen Form belastet das EEG Privathaushalte sowie kleine und mittlere Unternehmen. Auf der anderen Seite steigen die Gewinne der Energieversorger, die ausgerechnet durch den grünen Strom Brennstoffkosten einsparen. Und auch die großen und vor allem energieintensiven Industriebetriebe gehören zu den Gewinnern. Zum einen werden immer mehr Industriebetriebe von der Zahlung der EEG-Umlage ausgenommen – vom Golfplatz bis zum Braunkohletagebau sind darunter zahlreiche Unternehmen, bei denen nicht wirklich die Gefahr besteht, dass sie ihren Standort ins Ausland verlagern. Zum anderen sind besonders energieintensive Großbetriebe, die Strom durch Großhandelsverträge direkt zum Börsenpreis beziehen, sogar doppelt begünstigt: Durch den Ökostrom sinkt der Börsenpreis und damit ihre Stromrechnung, gleichzeitig sind sie aber von der Zahlung der EEG-Umlage befreit.

Auch der Staat, seit Jahren klamm und hoch überschuldet, versteht es, finanzielle Belastungen auf den Stromkunden abzuwälzen: Der Strompreis besteht zu einem nicht unerheblichen Teil aus Steuern. Auf jeden einzelnen Posten in der Stromrechnung, von den Netzentgelten bis zur EEG-Umlage, fällt jeweils eigens die Mehrwertsteuer an. Und zwar nicht der ermäßigte Satz von 7 Prozent, der für alle Waren des täglichen Bedarfs (!) gilt, sondern volle 19 Prozent. Während der Staat also ach so verzweifelt nach einer Möglichkeit sucht, den Strom für den Kunden wieder billiger zu machen, verschweigt er, wie viel er selbst an jeder Preiserhöhung verdient. Die Politik hätte mit diesen Steuereinnahmen durchaus die Mittel, an der Strompreisschraube zu drehen. Ein wesentlicher Unterschied zwischen dem EEG und früheren Stromsubventionen besteht darin, dass der Staat sich zunehmend vor finanziellen Belastungen drückt – das war damals, als man die ersten Atomkraftwerke baute, noch anders. In den Ausbau der Atomenergie flossen staatliche Mittel, für den grünen Strom zahlt der Stromkunde. Auch für die Subventionierung der Steinkohle griff der Staat in seine eigene Kasse, aber für die Privilegierung von Industriebetrieben greift er in das Portemonnaie der Stromkunden.

Häufig flankieren wissenschaftliche Kommissionen und Beiräte politische Entscheidungen. Die Monopolkommission, ein

Gremium, das die Regierung regelmäßig in Fragen von Wettbewerb und Marktregulierung berät, ist auf die Kosten-Tsunami-Welle aufgesprungen und warnt vor der Energiewende. So etwa in der *FAZ* vom 4. Juni 2012: »Die Stromkosten steigen, die Versorgung wird unsicherer, Wettbewerb auf dem Strommarkt findet praktisch nicht mehr statt. Die deutsche Monopolkommission warnt in einem Gespräch mit der *FAZ* vor einem ›Kosten-Tsunami‹ und fordert ein Umsteuern.« Ähnliches hört man vom Sachverständigenrat zur Begutachtung der gesamtwirtschaftlichen Entwicklung, den sogenannten fünf Wirtschaftsweisen. Als dieser aufgefordert war, sich zur Energiepolitik zu äußern, rief eines seiner Mitglieder bei mir an und gestand mir seinen Eindruck, keiner der anwesenden »Weisen« kenne sich in der Energiewirtschaft detailliert aus. Man habe viel theoretisches Wissen, aber wenig Informationen darüber, was in der Praxis eigentlich vor sich geht. »Ich rufe Sie an, weil ich wenigstens einmal hören wollte, was Sie als Fachfrau zu diesem Thema zu sagen haben.« Zu den »fünf Weisen« gehört übrigens auch Prof. Dr. Christoph M. Schmidt. Er ist Präsident des RWI und damit einer der Erfinder des Kosten-Tsunamis.

# 7. Die Energiewende führt zu einer Deindustrialisierung in Deutschland

Es ist schon ein Witz: Seit Jahren trete ich in Vorträgen, Interviews und Diskussionsrunden der Befürchtung entgegen, die Energiewende führe zu einer Deindustrialisierung. Mit dieser Mär wird eine weitere vermeintliche Gefahr für Deutschland heraufbeschworen: Hohe Energiekosten trieben die Industrieproduktion ins Ausland, die Folgen seien der Verlust von Wirtschaftswachstum, Arbeitsplätzen und Wohlstand.

Gerade als ich mich daranmache, das vorliegende Kapitel zu schreiben, erscheint am 21. Oktober 2012 in der *Frankfurter Allgemeinen Sonntagszeitung* ein Artikel mit der Botschaft: Deutschland erlebt eine Reindustrialisierung! Nun stellt sich heraus, dass, anders als in nahezu allen europäischen Ländern, die Industrie hierzulande in den letzten Jahren nicht zurückging, sondern stagnierte und vor kurzem sogar wieder einen Wachstumsschub erlebte. Durch den Erhalt seiner Industrie steht Deutschland mit einem Anteil von 23 Prozent wesentlich besser da als andere EU-Länder (wie etwa Spanien mit 13 oder Italien mit 16 Prozent oder gar Frankreich und England mit nur 10 Prozent, die stark auf den Dienstleistungssektor gesetzt haben). Die Frage, ob wir eine Deindustrialisierung fürchten müssen, ist damit beinahe schon beantwortet.

Der internationale Vergleich von 45 Ländern, auf den der

Artikel in der *FAS* Bezug nimmt, sieht Deutschland unter den industriestärksten Nationen auf Rang fünf. Ein positiv hervorzuhebender Grund für diese gute Position sei, so die vom Bundeswirtschaftsministerium vorgestellte Studie, unter anderem eine stabile Energieversorgung. Zu den Negativposten zählten indessen die hohen Arbeitskosten in Deutschland. Wasser auf meine Mühlen! Wie oft habe ich in der Vergangenheit erklärt, dass Firmen sämtlichen Statistiken zufolge nicht wegen der Energie, sondern wegen der hohen Arbeitskosten ihre Produktionsstätten ins Ausland verlagern.

Die Argumentation jener, die eine Abwanderung der Industrie befürchten, richtet den Blick vor allem auf die derzeit extrem niedrigen Gaspreise in den USA. Dort ist es gelungen, durch die Technologie des Fracking große Mengen Schiefergas zu erschließen. Der daraus resultierende Verfall der Gaspreise verschafft der energieintensiven Industrie in den USA nun einen enormen Wettbewerbsvorteil gegenüber der internationalen Konkurrenz. Für die Großindustrie in Deutschland ist dies in der Tat eine neue Herausforderung. Die Ursache hierfür liegt jedoch in den ungleich höheren, von Russland abhängigen Gaspreisen in Deutschland. Andere Preissteigerungen, die etwa durch die Energiewende verursacht werden, würden dieses Problem allenfalls verschärfen, wäre die energieintensive Industrie nicht ohnehin von den Kosten der Energiewende ausgenommen. Unternehmen wie der Chemiegigant BASF reagieren auf den erhöhten Konkurrenzdruck jedoch nicht mit der Abwanderung in die USA, sondern mit einer Verbesserung der eigenen Produkte.

Die Entscheidung, ob Unternehmen ihre Produktion ins Ausland verlagern, hängt von vielen Faktoren ab. Die Energiekosten spielen dabei meist eine untergeordnete Rolle, da sie bei der Mehrheit der Betriebe nur einen kleinen Teil der Gesamtkosten ausmachen – der Durchschnitt liegt bei 3 Prozent. Natürlich gibt es Ausnahmen: So belaufen sich bei der Herstellung von Stahl, Aluminium und Metall, von Zement und Papier die Energiekosten auf 10 bis 20 Prozent. In diesen Fällen ist die Befreiung von Steuern und anderen Abgaben wie der EEG-Umlage tatsächlich notwendig, um die Wettbewerbsfähigkeit dieser Unternehmen zu erhalten. Doch sogar hier trägt die Energiewende inzwischen zu industriellem Wachstum bei. Ein Beispiel dafür liefert der Aluminiumhersteller Norsk Hydro, der die zuvor eingestellte Produktion am Standort Neuss wieder hochgefahren hat. Grund dafür ist nicht nur die Befreiung von zusätzlichen Abgaben, sondern vor allem der durch die großen Mengen Ökostrom gesunkene Börsenpreis, der sich bei Großabnehmern direkt auf die Stromrechnung auswirkt.

## Wachstumsmotor grüne Energien

Die Frage nach den Energiekosten und ihren Folgen für die Wettbewerbsfähigkeit unserer Industrie ist im Grunde genommen nur ein Nebenschauplatz. Viel stärker fällt ins Gewicht, dass der Umbau der Energieversorgung mit einem enormen wirtschaftlichen Wachstum einhergeht. Das Großprojekt Energiewende ist ein Konjunkturmotor, der in Deutschland gerade deshalb so rund läuft, *weil* unsere Industrie hervorragend aufgestellt ist: Wir können unsere Anlagen selbst bauen, deshalb fördern wir mit nahezu jeder Investition in neue Technologien die eigene Wirtschaft. Die Liste der Industriezweige und Firmen, die von der Energiewende profitieren, ist lang. Allein Siemens erwirtschaftet inzwischen 40 Prozent seines gesamten Umsatzes durch Klimaschutztechnologien. Konzernchef Peter Löscher machte das Thema Nachhaltigkeit zur Leitkultur. Seitdem baut Siemens keine Kernkraftwerke mehr, hat sich weitgehend aus Atomenergiegeschäften in Russland zurückgezogen und in der Folgezeit bewiesen, dass ein Unternehmen auch dann profitabel sein kann, wenn es auf Klima- und Umweltschutz setzt. Der Preis dafür? Der amerikanische Börsenverlag Dow Jones verlieh Siemens im Jahr 2012 den Sustainability Award für Industriegüter. (Zuvor hatte das Unternehmen diesen Preis schon fünfmal in einer anderen Sparte erhalten.) Diese Auszeichnung wäre dem Konzern ohne die konsequente Fokussierung auf das Thema Nachhaltigkeit vermutlich kaum zuteilgeworden. Die im Vorstand dafür zuständige Leiterin Barbara Kux (übrigens eine der ganz wenigen Frauen in einem führenden DAX-Unternehmen) hat sich erfreulicherweise für die konsequente Ausrichtung des Unternehmens auf Nachhaltigkeit eingesetzt.

Im Nachhaltigkeitsindex von Dow Jones ist ein weiteres deutsches Unternehmen gelistet: Seit 2005 gilt BMW als »the world's most sustainable premium automobile manufacturer« (der nachhaltigste Autobauer der Welt). Wie Siemens hat BMW seine Firmenstrategie auf Nachhaltigkeit ausgerichtet, unter anderem durch die Umstellung auf Fahrzeugleichtbau, und gehört nun in allen Rankings zu den ersten zehn Profiteuren der Energiewende. Man könnte annehmen, dass die Impulse für mehr Nachhaltigkeit auch in diesem Fall von einer Frau kommen: Quandt-Erbin Susanne Klatten, die Anteile bei BMW besitzt. Nun ist in *Wikipedia* zu lesen, dass sie gleichzeitig große Spenden für die FDP tätigt. Sollte man da hoffen, dass vielleicht sie es schafft, die Partei von den wirtschaftlichen Vorteilen der Energiewende und damit auch zu einem Kurs hin zu mehr Nachhaltigkeit zu überzeugen?

Nicht nur Siemens, sondern auch die Großkonzerne anderer Branchen wie etwa die BASF halten an vielen mit der Energiewende verbundenen Produkten einen Löwenanteil. Netze, Gaspipelines, Wassertanks, Kraftwerksbau: Überall sind die großen Unternehmen beteiligt. Doch die mittelständischen und kleinen Firmen und Handwerksbetriebe gehen dabei keineswegs leer aus. Das bestätigen zahlreiche Berichte: »Während Siemens, ABB und Alstom an Großkomponenten liefern, freuen sich auch Mittelständler auf Aufträge«, heißt es am 1. Juni 2012 im *Handelsblatt*. »Bei den Zubehörteilen, der Montage der Leitungen und Masten, dem Bau von Gebäuden oder Fundamenten werden wir vor allem auf Mittelständler zurückgreifen«, sagt Ludger Meier, der bei dem Stromnetzbetreiber Amprion für Bau und Betrieb zuständig ist. »Häufig«, so führt er fort, »sind das Unternehmen aus der Region, die am Bau der Leitungen verdienen. Ein Teil der Investitionssumme fließt also in die betroffenen Regionen in Deutschland.« Auch die *Financial Times Deutschland* weiß von solchen Entwicklungen zu berichten: »Heizungsbauer, Installateure und Dachdecker frohlocken. Schon jetzt bewertet der Zentralverband des Deutschen Handwerks die Pläne zur Gebäudesanierung als einen ›Riesenschub‹«, heißt es dort ebenfalls Anfang Juni 2012.

Der Bau von Wind- und Solaranlagen, von neuen Kraftwerken, der Ausbau der Netze, aber auch die Gebäudesanierung und die Elektromobilität stellen riesige neue Märkte dar. So fließen die Gelder des vermeintlichen Kosten-Tsunamis in die deutsche Wirtschaft und schaffen damit Arbeitsplätze. Anders als Maßnahmen wie die »Abwrackprämie« von 2009, die der schwächelnden Autoindustrie auf die Sprünge helfen sollte und deren Effekt nach drei Jahren bereits verpufft ist, steht am Ende dieses Konjunkturprogramms eine moderne, umweltfreundliche Energieversorgung. Und je mehr Länder sich dem deutschen Vorbild anschließen, desto größer werden die Möglichkeiten, die hierfür entwickelte Technik auch ins Ausland zu exportieren. Bereits im Jahr 2011 haben deutsche Unternehmen mit umwelt- und klimaschonenden Technologien ein Marktvolumen von fast 300 Milliarden Euro erreicht. Damit hält Deutschland in diesem Bereich einen Anteil von 16 Prozent des weltweiten Marktes, wie der Präsident des Bundesverbandes der Deutschen Industrie (BDI), Hans-Peter Keitel, im Oktober 2012 mitteilte. Für das Jahr 2025 prognostizierte man ein globales Marktvolumen von 4,4 Billionen Euro für Klima- und Umweltschutztechnologien. »Das bietet große Exportchancen für die deutsche Industrie plus Wachstum und Arbeitsplätze«, so Keitel gegenüber den Zeitungen der Essener WAZ-Gruppe. – Deindustrialisierung? Wie kommt es, dass in den einschlägigen Medien immer noch Schlagzeilen auftauchen wie die folgende: »Standortvergleich Industrie. Energiewende bedroht Deutschlands Aufstieg« (*Wirtschaftswoche Online* vom 22. 10. 2012)? In dem dazugehörigen Artikel heißt es unter anderem, der oben zitierte Erfolgsbericht über das industrielle Wachstum in Deutschland berufe sich auf Daten aus dem Jahr 2012. »[S] either ist nicht nur die Euro-Krise ausgebrochen, sondern auch eine Energiewende über Deutschland hinweggefegt«, schreibt der Verfasser des Beitrags. – Wie bitte? Sollte man einem Journalisten der *Wirtschaftswoche* wirklich erklären müssen, dass die Energiewende bereits mindestens 12 Jahre, genauer genommen schon 22 Jahre auf dem Buckel hat? Selbst wenn er sich auf Ereignisse infolge des Atomausstiegs bezöge, wäre seine Rechnung äußerst ungenau. Doch offenbar muss man so rechnen, will man entgegen allen Zahlen und Fakten an der Panikmache gegen die Energiewende festhalten.

## Wachstumsmotor Energieeffizienz

Die beste Energie ist die, die nicht verbraucht wird. – Halten wir uns also noch einmal vor Augen: Ein Anstieg des Ölpreises von 100 auf 120 US-Dollar pro Barrel kostet die deutsche Volkswirtschaft 20 Milliarden Euro im Halbjahr. Was, glauben Sie, würde passieren, wenn ein Unternehmen Energie einspart? Seine Kosten würden sinken, und damit geriete das Unternehmen in einen Wettbewerbsvorteil. Das gilt auch für die Volkswirtschaft als Ganzes: Je geringer der Energieverbrauch insgesamt, desto weniger hart wird sie von Preissteigerungen auf den internationalen Brennstoffmärkten getroffen. Was also spricht gegen Maßnahmen zur Einsparung von Energie – die sogenannte Energieeffizienz?

Im September 2012 verabschiedete das Europäische Parlament eine Energieeffizienzrichtlinie – erneut, muss man sagen –, nachdem freiwillige Selbstverpflichtungen der Mitgliedsländer bisher wenig gefruchtet haben. Schon zuvor bemühte sich die EU um die Festlegung konkreter Ziele zur Reduzierung des Energieverbrauchs. Nun wäre es an der deutschen Politik, Anreize für die Umsetzung dieser Richtlinie zu schaffen, doch der hierfür verantwortliche Wirtschaftsminister ignoriert die Vorgaben aus Brüssel.

Auch einen Vorschlag, der vom DIW erarbeitet und vom Finanzminister aufgegriffen wurde, schmetterte der Wirtschaftsminister ab: Die Idee war, von der energieintensiven Industrie eine Gegenleistung für ihre Privilegien zu fordern: Betriebe, die von der Zahlung der Ökosteuer und der EEG-Umlage befreit werden wollten, sollten die Durchführung energiesparender Maßnahmen nachweisen. Im Jahr 2013 wollte die Bundesregierung zumindest die Befreiung von der Ökosteuer an solche Auflagen knüpfen, so wie Brüssel es vorsieht. Doch am Ende setzte sich auch hier der Wirtschaftsminister mit seiner Blockadehaltung durch. Man gab den Befürchtungen der Industrie hinsichtlich zusätzlicher Kosten nach und legte pauschal ein Effizienzziel von 1,3 Prozent pro Jahr fest – für die gesamte Branche! Damit ist die Privilegierung von energieintensiven Industriebetrieben weiterhin ohne jegliche Bedingung möglich.

Bisher wehrt sich die deutsche Industrie im Verbund mit dem Wirtschaftsministerium erfolgreich gegen alle Versuche, die Energieeffizienz zu verbessern. Dabei würde jede Verbesserung nicht nur Energie einsparen und damit der Umwelt dienen, sondern auch zu niedrigeren Stromrechnungen führen. – Unmittelbarer könnten die Betriebe kaum von politischen Vorgaben zugunsten von Umwelt- und Klimaschutz profitieren! Die Verweigerungshaltung der Industrie gegenüber jeder umweltfreundlichen Maßnahme ist hier kaum mehr nachvollziehbar.

Einige Unternehmen haben dies längst erkannt. Sie schlossen sich im Herbst 2010 zur Deutschen Unternehmensinitiative Energieeffizienz, kurz DENEFF, zusammen. Der Verband sieht in den Maßnahmen zur Energieeffizienz einen eigenen

Job- und Wirtschaftsmotor. In der Reduktion des Energieverbrauchs durch Gebäudesanierung, durch Elektromobilität und bei den Abläufen in der industriellen Produktion liege ein Marktpotenzial von ungefähr 140 Milliarden Euro bis zum Jahr 2020, heißt es auf der Website der DENEFF. Dabei könnten bis zu 257000 neue Arbeitsplätze entstehen. Doch in der bisherigen Effizienzregulierung seitens der Politik sehen die DENEFF-Unternehmer »eine Geschichte verpasster Chancen«. Ihr erklärtes Ziel ist es daher, die Politik zu einer sinnvollen Gestaltung dieser Prozesse zu bewegen. »Nur so können positive gesamtwirtschaftliche Effekte wie zusätzliche Investitionen, Arbeitsplätze und Technologievorsprünge erzielt werden«, warnen die DENEFF-Mitglieder.

Solche Initiativen zeigen, dass die Wirtschaft in ihrer Haltung gegenüber der Energiewende gespalten ist. Die *Wirtschaftswoche* vom 26. März 2012 illustrierte diese Spaltung mit einem Heft, das den Titel »Bosse gegen Bosse« trägt. Auf dem Titelbild standen »grüne« Unternehmen – unter ihnen Siemens, BMW, die Deutsche Bahn und Volkswagen – rot eingefärbten Gegnern gegenüber, die sich eine Schlacht um die richtige Energiepolitik lieferten. Auch in der Redaktion der *Wirtschaftswoche* selbst sei man, wie mir ein Redakteur berichtete, über das Thema Energiewende entzweit. Der *Kampf um Strom* ist heute längst keine Auseinandersetzung mehr zwischen idealistischen Politikaktivisten und profitorientierten Unternehmern, sondern findet in den unterschiedlichsten gesellschaftlichen Bereichen statt.

# 8. Wir brauchen keine Planwirtschaft – die Energiewirtschaft braucht Markt

Im Juli 2010 veröffentlichte *National Geographic* einen langen Artikel über »Das Netz des 21. Jahrhunderts« (The 21st Century Grid). Abgebildet ist eine Karte der USA, die von einem fein verästelten, gelb leuchtenden Gewebe überzogen ist. Der Autor weist darauf hin, dass man das Bild gut für eine Karte der Interstates, der Bundesstraßen in und zwischen den einzelnen US-Staaten, halten könnte. Nur, so heißt es in dem Artikel weiter, sei das Straßennetz Ergebnis einer umsichtigen Planung, während das Stromnetz, um das es sich bei der Abbildung tatsächlich handelt, aus dem unkontrollierten und unkoordinierten Wildwuchs einer meist lokalen Energieversorgung hervorgegangen ist. Das Ergebnis gleicht einem Gestrüpp, mit anderen Worten: Es herrscht ein gewisses Chaos.

Das Bild eines Organismus aus wild gewachsenen Verästelungen lässt sich auch auf das Gesetz über die erneuerbaren Energien übertragen: Seit dem Stromeinspeisegesetz von 1991 und seiner Erneuerung als EEG im Jahr 2000 ist es in über 20 Jahren zu einem Regelwerk mit 66 Paragrafen und 133 Artikeln angewachsen, einem Regelwerk, das im Laufe der Zeit durch unzählige Vorschriften und Ausnahmen ständig verändert und dabei zunehmend ausdifferenziert wurde. Der ersten Fassung eines Gesetzentwurfs folgen häufig zahlreiche Novellen, da der

Politik am Anfang Erfahrungswerte fehlen, insbesondere dort, wo sie sich auf Neuland begibt. So werden ständig Schwächen ausgebessert und ungewollte Nebeneffekte korrigiert. Dabei sind viele Regelungen und Korrekturen zugleich ein Ergebnis von Kompromissen, die zuvor zwischen zahlreichen Interessengruppen ausgehandelt wurden. Am Ende steht ein hochkomplexes Gesetzeskonstrukt, das im Falle des EEG nicht weniger als den Umbau unserer gesamten Energieversorgung neu gestalten soll. Mängel und Schwierigkeiten im Einzelnen bleiben da nicht aus. Eine der größten besteht in der bisher fehlenden Koordination zwischen Bund und Ländern, was aber wahrlich kein spezifisch energiepolitisches Problem ist. Leider hat sich die – manchmal berechtigte – Kritik am EEG zu einer Salve verdichtet, die drauf und dran ist, das Gesetz selbst sturmreif zu schießen. Der Energiewende würde dies zum Vorteil gereichen, sagen die Kritiker. Das Gegenteil ist der Fall, sage ich.

Die Grabenkämpfe, die wir derzeit um die Energiewende und das EEG erleben, polarisieren. Dadurch verhindern sie eine konstruktive Auseinandersetzung und notwendige Korrekturen des Gesetzes. Der ständige Ruf »Schafft das EEG ab!« blockiert seine sinnvolle Neugestaltung. Stattdessen lösen diese Attacken auf Seiten der Befürworter Abwehrreflexe aus und zwingen sie, das EEG pauschal zu verteidigen, nur um es zu erhalten, anstatt es im Einzelnen zu diskutieren und zu verbessern. Legt man es auf eine Blockade der Politik an, sind natürlich die Mittel der Polarisierung und Emotionalisierung gute Ratgeber. Mit der Behauptung, eine nachhaltige, technisch moderne Energieversorgung sei mit den Schlagworten »Öko-Diktatur« und »Planwirtschaft« treffend umschrieben, lassen sich immer noch gut Wählerstimmen fangen.

Der Vorwurf der Planwirtschaft soll als Schreckensszenario an das erwiesenermaßen gescheiterte Wirtschaftsmodell der DDR erinnern und bezieht sich auf die Vergütungssätze, die das EEG für grüne Energien vorsieht. Diese sind das Mittel, mit dem die Politik das »Plansoll« für den Ökostromausbau von 35 Prozent bis zum Jahr 2020 und 80 Prozent bis 2050 zu erreichen gedenkt. Der Vorwurf der Planwirtschaft ist politische Rhetorik, die leider Wirkung zeigt. Wie anders erklärt es sich, dass selbst Bundespräsident Gauck, der noch Erinnerungen an die realsozialistische Planwirtschaft haben sollte, sich diese Kritik zu eigen macht? Als er am 5. Juni 2012 die Umweltwoche eröffnete, titelte *Spiegel Online* anschließend: »Gauck warnt vor Planwirtschaft bei Energiewende«. »Da wird sich die FDP freuen«, hieß es im Untertitel. Denn die FDP und ihr nahestehende Interessenverbände wie etwa die Initiative Neue Soziale Marktwirtschaft propagieren unter dem Motto »Rettet die Energiewende!« eine Politik, die angeblich dazu dienen soll, den Prozess des Energieumbaus marktwirtschaftlicher zu gestalten. Nur wenn mehr Wettbewerb erreicht würde, verkünden sie, und die Gesetze des freien Marktes das Geschehen auf natürliche Weise regeln, könne das Projekt auf Dauer Erfolg haben. Doch geht es bei den Vorschlägen, die von ihrer Seite kommen, wirklich um mehr Marktwirtschaft? Und wem würde das nutzen?

Die Auseinandersetzung zwischen marktwirtschaftlichen und marktregulierenden Ansätzen gehört zu den Grundpfeilern der Wirtschaftslehre. Erstere dienen vornehmlich der Wirtschaft. Sie vertrauen darauf, dass sich der Markt durch die Gesetze des Wettbewerbs dann am besten organisiert, wenn möglichst wenig eingegriffen wird. Eine florierende Wirtschaft ist die Grundlage gesellschaftlichen Wohlstands. Doch soziale Bewegungen im 19. Jahrhundert machten deutlich, dass die Selbstorganisation des Marktes keineswegs dem Wohl aller Menschen dient. Seither dienen marktregulierende Ansätze dazu, den Menschen vor Ausbeutung und Unterdrückung zu schützen und, wo der Markt an die Grenzen seiner Fähigkeit zur Selbstregulation stößt, auch wettbewerbsregulierend und konjunkturfördernd einzugreifen. Die Kompromisslösung zwischen Markt und Staat nennt sich soziale Marktwirtschaft. Sie soll den Wohlstand, den eine möglichst freie Wirtschaft verspricht, mit bestimmten sozialen Standards verbinden, wobei die Rahmenbedingungen von der Politik ständig neu verhandelt werden. Im 20. Jahrhundert sind weitere Gründe für marktregulierende Maßnahmen hinzugekommen – insbesondere der Klima- und Umweltschutz. Daraus entstanden neue Ansätze einer ökosozialen Marktwirtschaft, also die Verbindung von Marktwirtschaft mit sozialen Standards und Umweltschutz. Den wirtschaftlichen Zielen rein marktwirtschaftlicher Ansätze stehen die ideellen Ziele marktregulierender Ansätze gegenüber, und ein gesundes, für beide Seiten vorteilhaftes Maß ist der Gegenstand täglicher politischer Auseinandersetzungen.

Der freie, sich gänzlich selbst überlassene Markt hat ideellen Werten noch nie zur Geltung verholfen. Es ist der Staat, der Katastrophen wie das Reaktorunglück in Fukushima oder die Ölhavarie im Golf von Mexiko zulässt – oder verhindert. Ohne staatliche Anreize gäbe es den Katalysator nicht, der umwelt- und gesundheitsschädliche Autoabgase erheblich reduziert, und ohne den Staat wäre nicht ein einziges Elektro- oder Gasfahrzeug in unseren Städten zu sehen. Der angeblich freie und erst durch das EEG bedrohte Energiemarkt hat in der Vergangenheit nicht dazu geführt, dass die Stromnetze erneuert wurden. Der freie Energiemarkt hat die Entsorgung des Atommülls weitgehend dem Staat überlassen, und er hat nicht im Geringsten zur Reduktion des $CO_2$-Austoßes geführt. Wenn die Politik sich neue Ziele setzt und dabei in das Marktgeschehen eingreift, dann erleben wir stets dasselbe Spiel zwischen Wirtschaft und Politik. Klaus Töpfer erzählte mir, dass 1983, kurz bevor er zum Umweltminister ernannt wurde, Vorgaben zur Rauchgasentschwefelung für Kohlekraftwerke eingeführt wurden, die eine deutliche Reduzierung der Luftverschmutzung bewirken sollten. Als das Vorhaben angekündigt wurde, hagelte es zunächst unzählige Studien, die alle vorrechneten: Wenn die Politik sie zu den mit der Rauchgasentschwefelung verbundenen Mehrausgaben zwingt, wird die Kohlekraftindustrie geschlossen aus Deutschland abwandern. Es werden Arbeitsplätze verloren gehen, und Deutschland wird Strom aus dem Ausland importieren müssen. Kurz: Der wirtschaftliche Schaden wird beträchtlich ausfallen. Die Politik ließ sich von der Flut an Drohungen nicht beirren, und was passierte? Die Vorgaben wurden eingeführt, entgegen allen Warnungen jedoch kein einziges Kraftwerk geschlossen. Dafür ist unsere Luft heute deutlich sauberer.

## Das EEG im Vergleich zu anderen Marktinstrumenten

Was bedeutet es angesichts dieser Erfahrungen, wenn die FDP mehr Marktwirtschaft für die Energiewende fordert? Konkret lauten die Vorschläge, es gebe Marktinstrumente, die, wenn schon keinen gänzlich freien Wettbewerb, zumindest ein höheres Maß an Marktwirtschaftlichkeit brächten als das EEG. Die beiden alternativen Instrumente, die zur Diskussion stehen und zum Teil in anderen EU-Ländern angewendet werden, sind der Handel mit Emissionsrechten und die sogenannte Quotenregelung. Vergleichen wir also alle drei Marktinstrumente.

## Der gescheiterte Emissionsrechtehandel

Wie weit Theorie und Praxis auseinanderliegen, zeigt sich am Emissionsrechtehandel. Theoretisch wäre er möglicherweise tatsächlich das marktwirtschaftlichste aller Modelle, zumindest wenn es darum geht, eine Reduzierung von Schadstoffen zu erreichen. Die Theorie sieht vor, dass für den Ausstoß von $CO_2$ Rechte gekauft werden müssen, die sogenannten Emissionsrechte. Wer viele solcher Rechte in Form von Zertifikaten besitzt, seinen Schadstoffausstoß jedoch reduziert, kann überschüssige Zertifikate verkaufen und so nicht nur die Umwelt schonen, sondern auch noch Gewinn machen. Dies, so hofften die Erfinder dieses politischen Instruments, sollte für Industriebetriebe Anreiz genug sein, in umweltfreundliche Technologien zur Reduzierung von Schadstoffemissionen zu investieren. Doch die Erfahrung zeichnet ein anderes Bild. Völlig zu Recht steht es in den Lehrbüchern der Umweltökonomie gleich zu Beginn: Der Emissionsrechtehandel ist das mit Abstand für Lobbyismus anfälligste Marktinstrument.

Der 2005 in der EU eingeführte Emissionsrechtehandel könnte die richtigen Anreize setzen, wenn der $CO_2$-Preis über 25 Euro pro Tonne liegen würde. Das wäre derzeit ungefähr die Größenordnung, bei der Kohlekraftwerke wirtschaftlich unattraktiv, Gaskraftwerke rentabler und somit Schadstoffemissionen deutlich reduziert würden. Für den Ausbau erneuerbarer Energien hätte der $CO_2$-Handel damit allein jedoch noch keine Wirkung. Erst ein $CO_2$-Preis von mindestens 60 Euro pro Tonne würde andere Energieträger im Vergleich zu den erneuerbaren Energien so verteuern, dass damit Anreize für Investitionen in grünen Strom gegeben wären. Der Emissionsrechtehandel der EU ist leider von beiden Zielen weit entfernt – zuletzt fiel der Preis im Sommer 2012 auf unter 7 Euro pro Tonne und erreichte damit einen neuen Tiefpunkt. Dafür gibt es zahlreiche Gründe: Zu Beginn des Handels wurden viel zu viele Zertifikate von den Staaten kostenlos verteilt und zudem nur manche Industriebereiche in den Handel einbezogen. Darüber hinaus ist die notwendige Zustimmung von 27 Mitgliedsländern für eine Verschärfung des Emissionshandels derzeit höchst unwahrscheinlich.

Als die Bundesregierung im Herbst 2010 die Energiewende beschloss, richtete sie unter anderem einen Energie- und Klimafonds ein, aus dem die Energieforschung und die Gebäudesanierung finanziert werden sollten. Ein Teil seiner Mittel sollte der Fonds durch eine Vereinbarung erhalten, die mit der Laufzeitverlängerung der Atomkraftwerke abgeschlossen wurde: Im Gegenzug für die längeren Laufzeiten und die damit verbundenen Gewinne sollten die Betreiber eine zusätzliche Abgabe in den Fonds einzahlen, die sogenannte Brennelementesteuer. (Damals behaupteten die Energiekonzerne übrigens dreist, sie würden gar keine Gewinne erzielen und könnten deshalb keine Abgabe leisten. Als wir im DIW Zahlen veröffentlichten, die diese Behauptung widerlegten, schickte ein großer Energiekonzern einen Brief an den Dekan der Universität, an der ich unterrichte, mit der Forderung, ich solle bitte keine Rechnungen mit falschen Zahlen über Gewinne aufmachen.) Da die Laufzeitverlängerung nach der Reaktorkatastrophe in Japan rückgängig gemacht wurde, fließt von dieser Seite kein Geld mehr in den Energie- und Klimafonds. Eine zweite Einnahmequelle sollten die Erlöse aus dem Verkauf von $CO_2$-Zertifikaten sein, doch auch diese Einnahmen entsprechen angesichts des darniederliegenden Handels nicht den Erwartungen. So ist die Kasse des Energie- und Klimafonds für die ihr zugedachten Aufgaben nicht annähernd gut genug gefüllt.

Ein besonders drastisches Beispiel für die Macht, mit der sich die Wirtschaft gegen einen funktionierenden Emissionsrechtehandel wehrt, liefert der internationale Flugverkehr: Die EU wagte den Vorstoß, den Handel mit Verschmutzungsrechten ab Januar 2012 auch auf die Fluggesellschaften auszudehnen, und zwar weltweit. Sofort wurden von Seiten der Wirtschaft, aber auch der Regierungen (insbesondere in den USA, China, Indien und Russland) Sanktionen angedroht: Im Gegenzug würde man europäischen Wettbewerbern die Überflugrechte streichen, den Handel beschränken oder Strafzölle einführen. Drei Monate später, im März 2012, beschwerten sich europäische Fluglinien bei ihren Regierungen, sie würden von solchen Maßnahmen bereits betroffen und damit in ihrer wirtschaftlichen Existenz bedroht. Allein die chinesische Regierung habe Bestellungen von Airbus-Flugzeugen im Wert von 12 Milliarden US-Dollar auf Eis gelegt, hieß es in einem Brief, was mindestens 1000 Stellen an den europäischen Airbus-Standorten und mindestens ebenso viele bei den Zulieferern gefährde. Während der Emissionsrechtehandel also in der EU schon kaum mehr funktioniert, droht nun im Bereich des Flugverkehrs ein internationaler Handelskrieg.

## Die Quotenregelung – das bessere Modell?

Angesichts der Schwierigkeiten, auf die der Emissionsrechtehandel in der Praxis stößt, sind die Rufe nach diesem Instrument als Ersatz für das EEG weitgehend verstummt. Stattdessen wird nun eine Quotenregelung gefordert, die der Energiewende die lang ersehnte Marktwirtschaft bringen soll. Wie bei den Emissionsrechten handelt es sich dabei um ein mengenorientiertes Instrument, wohingegen das EEG die Förderung über den Preis gestaltet. Bei Modellen wie dem EEG sagt man: Wer grünen Strom produziert, der erhält dafür einen festgesetzten Preis garantiert. Er weiß also, die Produktion lohnt sich. Die Mengenmodelle hingegen schreiben vor, dass jeder Anbieter eine bestimmte Menge grünen Strom produzieren muss. Die Politik legt hierfür eine Quote fest. Wer den grünen Strom nicht selbst produziert, muss die vorgeschriebene Mindestmenge bei anderen Anbietern einkaufen. Für jede Kilowattstunde Ökostrom werden grüne Zertifikate verteilt, die die Stromanbieter zu bestimmten Preisen untereinander handeln können. In der Quotenregelung sehen ihre Befürworter den Vorteil, dass sich nur der günstigste Ökostrom im Handel behaupten würde, denn die Quote schreibt nur die Menge, nicht aber die Art des grünen Stroms vor, den ein Unternehmen anbieten muss. Das EEG vergütet im Gegensatz dazu jede Form grüner Energie. Die Quote entspreche somit besser den Regeln der freien Wirtschaft. Und dadurch, rechnen ihre Verfechter uns vor, würde der Strompreis auch für den Verbraucher sinken.

Alle Initiativen, die vorschlagen, das EEG durch eine Quotenregelung zu ersetzen, geben vor, damit nicht gegen die Energiewende selbst einzutreten, sondern für eine bessere Gestaltung dieses Prozesses. Die Quotenregelung, sagen sie, habe dasselbe Ziel wie das EEG: die Förderung des Ausbaus erneuerbarer Energien und einen möglichst fairen Wettbewerb mit bezahlbaren Strompreisen. In der Praxis verfehlt das Quotenmodell jedoch beide Ziele. Das zeigen die Erfahrungen, die andere Länder mit diesem Instrument gemacht haben. Sowohl in Großbritannien als auch in Schweden traten die Nachteile der Quote deutlich zutage: Der Ausbau der grünen Energien blieb hinter den Erwartungen zurück, weil insbesondere große Unternehmen lieber Strafen zahlten, als die vorgeschriebenen Zertifikate zu kaufen. Noch schwerwiegender wirkt sich ein grundsätzliches Problem aus: Der Sinn von marktregulierenden Förderinstrumenten ist es, Innovationen und Technologien so lange zu stützen, bis sie selbst wettbewerbsfähig sind. Wenn aber wie beim Quotenmodell immer nur in die günstigste Energieform investiert wird, haben andere Technologien keine Chance, solange sie am Anfang ihrer Entwicklung stehen. Würde in Deutschland das Quotenmodell gelten, gäbe es heute kaum Photovoltaikanlagen. Doch gerade der überraschende Preissturz dieser Technologie zeigt, dass das, was *im Moment* am günstigsten ist, nicht unbedingt auch in zehn Jahren am besten abschneidet. Ende Mai 2012 verkündete mit RWE erstmals ein großer Energiekonzern, künftig in Solarenergie zu investieren. »In Südeuropa kann sie schon wettbewerbsfähig sein. In Deutschland fehlt nicht viel«, erklärte Konzernchef Peter Terium der *WAZ* am 25. Oktober 2012. Man habe es nicht für möglich gehalten, dass die Photovoltaik so billig werde, nachdem diese Technologie jahrelang als Luxusvariante der grünen Stromproduktion galt. Gerade solche Entwicklungen zeigen, dass die Bemühungen der FDP, die angeblich maßlose Subventionierung des Ökostroms zu bekämpfen, längst von der Realität einer erfolgreichen Energiewende überholt werden.

Die Abschaffung des EEG und die Einführung der Quote hätten zur Folge, dass die großen Energieversorger in die billigste Technologie investieren würden – derzeit sind das vor allem Windparks an Land und häufig auf See. In solchen Großvorhaben können die Konzerne Strom in erheblichen Mengen so billig produzieren, das andere Anbieter und andere Technologien auf dem Markt keine Chance hätten. Dabei ist es ein Irrglaube, dass die Quote automatisch zu sinkenden Preisen führen würde, sie kann im Gegenteil sogar Preissteigerungen bewirken. Selbst in der Theorie gibt es zu viele Unbekannte, um mit Sicherheit sagen zu können, wie sich die Quote auswirkt – die optimale Quote ist genauso unbekannt wie der optimale Vergütungssatz. In der Praxis führte sie bisher nicht zu Preissenkungen, sondern zu erheblichen Schwankungen.

## Vorteile des EEG

Anders als es der Vorwurf der Planwirtschaft suggeriert, ist das EEG degressiv angelegt: Je besser die neuen Technologien funktionieren, desto stärker kann man die Vergütungssätze zurückfahren. Und je mehr kleine Anbieter und dezentrale Energieversorger sich auf dem Markt etablieren, desto weniger müssen sie vom Staat gestützt und vor einer Übermacht der vier großen Konzerne geschützt werden. Dadurch entsteht am Ende mehr Wettbewerb. Schon heute kann ein Stromkunde in Berlin frei wählen, ob er seinen Strom bei einem der Energieriesen oder bei einem der zahlreichen lokalen Anbieter von Kiel bis München kauft.

Vor allem aber hat das EEG mit seinen je nach Technologie differenzierten Vergütungssätzen eine große Bandbreite an Technologien gefördert, so dass Deutschland im Bereich der grünen Energien schon heute nicht nur eine flexible und vielfältige Energieversorgung hat, sondern auch im internationalen Wettbewerb um die Führungsposition auf dem Technologiemarkt gut aufgestellt ist.

Gegen die Einführung einer Quote in Deutschland sprechen nicht nur die schlechten Erfahrungen in anderen Ländern: England zieht sich gerade schrittweise aus dem Quotenmodell zurück und steigt auf Vergütungssätze um. Das ist ein mühsamer Prozess, der selbst wiederum Kosten verursacht, denn jede politische Entscheidung, jede Neuregelung muss auch auf das reagieren, was bereits vorhanden ist. Das komplizierte Gebilde des EEG bedarf ebenso der Erneuerung wie das eingangs erwähnte unorganisch gewachsene Stromnetz der USA. Allerdings, darüber ist man sich in Bezug auf letzteres einig, wäre es unsinnig, das Netz vollständig herauszureißen.

# 9. Die Energiewende führt zur sozialen Verelendung oder: Die FDP und die soziale Frage

## Gelbe Widersprüche

Es ist paradox: Die FDP scheint, indem sie mehr Marktwirtschaft bei der Energiewende fordert, ihre ureigensten Werte zu vertreten. Doch die von ihr vorgeschlagene Quotenregelung hat sich in anderen Ländern bereits als technologie- und wettbewerbsfeindlich erwiesen. Verfolgt die FDP hier in Wahrheit ganz andere Ziele als Wirtschaftswachstum und Wettbewerb?

Staatliche Förderungen werden oft pauschalisierend als marktfeindliche Regulierung und sinnlose Verschwendung öffentlicher Gelder verurteilt. Natürlich wissen selbst Angehörige der FDP, dass es nicht der Markt ist, der neue Technologien wie etwa das satellitengesteuerte Navigationssystem GPS hervorbringt. Im Gegenteil: Aus der anfangs staatlich finanzierten Entwicklung – wie ein großer Teil der modernen Kommunikationstechnik entstand das GPS im Zuge der Militärforschung – entstehen erst in einem zweiten Schritt völlig neue Märkte. So herrscht über viele wirtschaftliche Engagements des Staates auch gar kein Dissens. Zwischen nahezu allen Parteien ist man sich zum Beispiel darüber einig, dass die staatliche Beteiligung am europäischen Konzern EADS, der die Airbus-Flugzeuge herstellt, sinnvoll ist.

Die FDP nutzt das schlechte Image, das Subventionen generell anhaftet, für ihren Wahlkampf, und sie erhält dabei von jenen Unterstützung, die bestimmte Lobbyinteressen vertreten. »Rettet die Energiewende und schafft das EEG ab«, rufen die Anhänger der Quotenregelung. Dabei wissen sie genau, was die Folgen wären: Kleine Anbieter würden vom Energiemarkt verschwinden, neue Technologien würden es nicht bis zur Marktreife schaffen. Die Energieversorgung der Zukunft gestaltet sich in den Vorstellungen dieser Leute äußerst übersichtlich: Sie trägt die Logos von RWE, Eon, EnBW und Vattenfall, die uns wie in guten alten Zeiten die Strompreise diktieren. Rettet die Energiewende? Ausgerechnet die FDP wettert gegen das Projekt, das eine große Zahl von Technologien und Wettbewerbern und gerade den ihr so nahestehenden Mittelstand fördert und damit ein enormes Wirtschaftswachstum produziert. Wer würde das vermuten bei einer Partei, die sich zuletzt bei ihrem Dreikönigstreffen im Januar 2012 erneut »Wachstum« auf die Fahnen geschrieben hat? Gerade dies macht ihre Propaganda so gefährlich: Wer würde argwöhnen, dass die Partei im Dienste ihrer Klientel die eigenen Ziele verrät? Wer würde annehmen, dass sie nicht Wachstum, sondern die Ansprüche eines kartellrechtlich äußerst bedenklichen Oligopols von wenigen Großkonzernen vertritt, die sich vehement gegen den technologischen Wandel auf dem Energiemarkt zur Wehr setzen? Dass ihre Kampfstrategie darauf ausgerichtet ist, die etablierten Stromanbieter gegen zu viel Konkurrenz auf dem freien Markt zu schützen? Dass das wahre Motiv, das EEG zu diffamieren, in deren Angst besteht, Marktanteile zu verlieren und so Gewinne einzubüßen? – Die alte liberale Idee hilft, dieses taktische Spiel zu verschleiern, ähnlich wie ja auch die Geldgeber der FDP gerne im Dunkeln bleiben. »Schafft die sinnlose und teure Subventionierung der Energiewende ab!« – Das klingt einfach überzeugend.

Nachdem der FDP mit den Steuersenkungen ihr zentrales Thema auf dramatische Weise abhandengekommen ist, hat die Partei zudem die alten Vorurteile gegen die Ökobewegung entdeckt, um sich zu profilieren. – Aber natürlich könnte jeder aufgeklärte Mensch darauf kommen, dass es längst nicht mehr unmöglich ist, wirtschaftsliberal und zugleich ökologisch zu denken. Das Biohuhn passt heute auch zum Armani-Anzug. Doch die FDP packt die alten Ressentiments wieder aus, weil diese tief sitzen und deshalb ein wirksames Mittel im Kampf um Wählerstimmen sind. Was würde sich besser für kommende Wahlkämpfe eignen als ein klares Freund-Feind-Schema? Man ist geneigt zu sagen, dass der Antagonismus absolut unvereinbarer politischer Gegensätze neuerdings in den Farben Gelb und Grün leuchtet. »Wenn sich die wirtschaftspolitische Sprecherin der Grünen über unseren Wachstumsbegriff aufregt, dann machen wir garantiert etwas richtig«, sagt Parteichef Philipp Rösler. – So billig funktioniert die Rhetorik in einer Welt, in der die Dinge für den Wähler möglichst einfach erscheinen und Gut und Böse möglichst leicht zu unterscheiden sein sollen. Auf dem Parteitag der FDP im April 2012, kurz vor der Wahl in Nordrhein-Westfalen, ereiferte sich Christian Lindner, er habe am Morgen die Zeitung aufgeschlagen und mit Schrecken erfahren, dass Norbert Röttgen Claudia Kemfert als Energieministerin für sein Schattenkabinett nominiert hat. Er fühle sich inzwischen der SPD näher als der CDU, fährt

Lindner fort, denn diese diene sich ja permanent den Grünen an. – Wie schön wäre es, wenn die Energiewende das politische Farbenspiel hinter sich lassen könnte! Für diesen Traum stehen Politiker wie Klaus Töpfer und Norbert Röttgen.

Immerhin, die Abneigung gegen alles Grüne nimmt man der FDP durchaus ab. Doch während sie mit der Parole »Mehr Marktwirtschaft für die Energiewende!« wenigstens noch den Anschein erweckt, typisch wirtschaftsliberale Positionen zu vertreten, wirken ihre letzten Manöver allzu durchsichtig. »Die Frage der Energiepreise ist die neue soziale Frage«, verkündet Philipp Rösler neuerdings, unter anderem am 25. Oktober 2012 bei Maybrit Illner. Der Parteichef gibt vor, sich um all jene zu sorgen, die ihre Stromrechnung möglicherweise bald nicht mehr bezahlen können. In erster Linie sind das Hartz-IV-Empfänger. Gerade für diese aber zeigte die FDP in der Vergangenheit nicht immer so viel Mitgefühl.

Wer hätte gedacht, dass die soziale Frage plötzlich von der FDP in die Energiedebatte eingebracht wird? Es steckt schon eine gewisse Perfidie darin, im Sinne von Großkonzernen zu agieren, denen ihre Machtstellung jahrzehntelang überverhältnismäßige Gewinne einbrachte, außerdem großzügig Industriebetriebe von ihrem Beitrag zur Energiewende zu befreien (was die Stromrechnung der Hartz-IV-Empfänger zusätzlich in die Höhe treibt) und sich gleichzeitig als Retter der sozial Schwachen aufzuspielen. Langjährige Kämpfer für die Energiewende wie beispielsweise Dennis Meadows oder Klaus Töpfer berichteten mir, es sei für sie besonders bitter, dass ihnen neben anderen Dingen auch noch Ökoelitarismus vorgeworfen wird: »Grün« könnten sich doch nur die leisten, die ein Ferienhaus in der Toskana besitzen.

## Rettet die sozial Schwachen?

Was also ist dran an der Angst, die Energiewende könne die Menschen an der Armutsgrenze in Zukunft noch stärker in ihrer Existenz bedrohen?

Die These, die Energiewende belaste die sozial Schwachen in ungerechtem Maße und drehe ihnen geradezu buchstäblich den Hahn ab, wird in der Diskussion gerne durch folgende zugespitzte Formulierung auf den Punkt gebracht: Der Hartz-IV-Empfänger in Berlin bezahlt dem Zahnarzt in Bayern die Solaranlage, woran letzterer auch noch verdient. Hier wird dem EEG und der Umlage der Vergütung von grünem Strom auf die Stromrechnung ein Konstruktionsfehler attestiert, dem folgende Rechnung zugrunde liegt: Der größte Teil der EEG-Umlage fließt dorthin, wo am meisten grüner Strom produziert und vergütet wird. Lange Zeit war dies bei Photovoltaikanlagen der Fall, von denen es in Bayern sehr viele, in Berlin aber nur wenige gibt. Da aber über den Strompreis jeder Verbraucher die Vergütung des Ökostroms mitbezahlt, es meist jedoch die besser verdienende Mittelschicht auf dem Land ist, die sich die Photovoltaikanlagen auf das Dach schraubt, finanziert der Hartz-IV-Empfänger in Berlin über seine Stromrechnung den in Bayern produzierten Solarstrom mit.

Natürlich belastet jede Erhöhung des Strompreises schwache Einkommen empfindlich, während Besserverdienende solche Veränderungen kaum wahrnehmen. Das war auch so, als es die Energiewende noch nicht gab: Der Strompreis steigt seit 15 Jahren um durchschnittlich 4 Prozent pro Jahr, also bereits lange bevor die Energiewende ausgerufen wurde. Auch stimmt es, dass durch den im Oktober 2012 verkündeten Anstieg der EEG-Umlage der Strompreis deutlich höher ausfällt als in den Vorjahren, was eine zusätzliche Bedrohung für jene darstellt, die ihre Stromrechnung kaum noch bezahlen können.

Der Grund für die mit der Energiewende verbundene Preissteigerung liegt in der Art der Förderung: Wenn Subventionen aus öffentlichen Mitteln finanziert werden, ist der Zahnarzt in Bayern automatisch stärker belastet als Gering- oder gar nicht Verdienende – er zahlt nämlich weitaus mehr Steuern. Das Problem entsteht hier also durch die Art und Weise der Förderung, die dem Stromkunden – und damit jedem Verbraucher – in Rechnung gestellt wird.

Als das EEG eingeführt wurde, tauchte ein ähnliches Problem bei der energieintensiven Industrie auf: Auch hier gab es Betriebe, deren Existenz durch zusätzliche Steigerungen des Strompreises bedroht waren. Da man jedoch für die Industrie eine Ausnahmeregelung fand, sollte es da nicht möglich sein, die unteren Einkommensschichten von der Zahlung der EEG-Umlage zu befreien oder ihnen durch vergleichbare Maßnahmen auszuhelfen? Allein die steigende EEG-Umlage bringt dem Staat durch die gleichfalls steigende Mehrwertsteuer nebenbei beträchtliche Mehreinnahmen ein. Hier oder in anderer Form fänden sich durchaus Mittel, mit denen man sozial Schwache von ihrem Beitrag zur Energiewende befreien könnte. Wenn FDP-Chef Rösler in seiner Funktion als Wirtschaftsminister der Industrie hilft, indem er großzügig immer mehr Betriebe von der Zahlung der EEG-Umlage ausnimmt, wieso ergreift er dann nicht ähnliche Maßnahmen, um existenzbedrohte Menschen an der unteren Einkommensgrenze zu stützen? Doch ganz so ernst meint Rösler es wohl doch nicht mit seiner neuen Rolle als Robin Hood. Und so kommt der Verdacht auf, dass die Bedrohung der Armen nur ein weiteres

Argument liefert, mit dem die FDP nicht gegen soziale Ungerechtigkeit, sondern gegen die Energiewende zu Felde zieht.

Dabei gäbe es noch eine weitere Möglichkeit, Menschen mit einem geringen Einkommen zu helfen: Weitaus stärker als beim Strom steigen nämlich die Kosten für Öl und Gas. Das Wirtschaftsministerium selbst veröffentlichte im Februar 2012 eine entsprechende Grafik. Das in der Broschüre *Die Energiewende in Deutschland. Mit sicherer, bezahlbarer und umweltschonender Energie ins Jahr 2050* publizierte Schaubild vergleicht die Ausgaben der Privathaushalte für Energie, und dabei wird deutlich: Während der Anteil der Energiekosten bei Öl (für Dieselkraftstoff) und Gas (für Heizung) merklich ansteigt, hat sich der Stromanteil im Vergleich dazu kaum verändert. Dennoch würden Maßnahmen zur Energieeffizienz (in erster Linie die Gebäudesanierung) zu einer Senkung der Energiekosten von Privathaushalten führen und damit auch den Menschen an der unteren Einkommensgrenze helfen. Wieder wäre hierfür Wirtschaftsminister Rösler zuständig, der sich jedoch bisher weigert, dafür zu sorgen, dass die von der EU beschlossenen Vorgaben zur Energieeffizienz umgesetzt werden. – Und wie begründet er seine Weigerung? Solche Maßnahmen, befürchtet Rösler, könnten der Wirtschaft schaden, und auch dies – wer hätte das gedacht – träfe am Ende die sozial Schwachen – dann nämlich, wenn die teure Energiewende deutsche Unternehmen zwinge, ihre Produktion ins Ausland zu verlagern und damit hierzulande Arbeitsplätze abzubauen.

# 10. Mit seinem Alleingang isoliert sich Deutschland und gerät international ins Abseits

Zu den vielen Ängsten, die manche Skeptiker umtreiben, gehört die Sorge, Deutschland folge seinem Ökoidealismus im Alleingang – ohne Rücksicht darauf, was in anderen Staaten und auf dem weltweiten Energiemarkt geschieht. Man sei blind für die zahlreichen Wechselwirkungen auf den internationalen Märkten, heißt es, und zu den Klassikern dieser Argumentation gehören drei Vorwürfe: Erstens unterstütze Deutschland mit seiner Solarförderung nicht etwa die heimische Wirtschaft, sondern Unternehmen in China, da diese Solarzellen viel günstiger produzieren und auf dem Markt anbieten könnten. Zweitens zwinge der übereilte Atomausstieg Deutschland dazu, Atomstrom aus Tschechien und Frankreich oder aber Kohlestrom aus Polen zu importieren. Und drittens sei jede Form von energiepolitischem Alleingang sinnlos, da die Klimaziele nur erreicht würden, wenn sich alle Länder auf eine nachhaltige Politik einigen. Insbesondere die letzten beiden Vorwürfe richten sich gegen das Projekt Energiewende als Ganzes. Zusammengefasst lauten sie: Deutschland macht seiner Wirtschaft mit klimapolitischen Auflagen das Leben schwer, während allerorts munter weiter Atomkraftwerke gebaut oder Treibhausgase in die Luft geblasen werden. Schauen wir uns also an, was sich in der Welt so tut, seit Deutschland sich dem »Ökowahn« verschrieben hat.

## Deutschlands Solarbranche in Gefahr

Es stimmt, Deutschland manövriert sich ins Abseits – jedoch nicht durch einen Alleingang in der Energiewende, sondern weil es sich zögerlich und ängstlich aus der Photovoltaik zurückzieht, während andere Länder verstanden haben, dass es sich hier um eine Schlüsseltechnologie des 21. Jahrhunderts handelt. Aber das ist noch zu harmlos formuliert: Man muss es schon geradezu dramatisch nennen, was in Deutschland derzeit in Bezug auf die Solartechnologie passiert. Anfang des Jahres 2012 kündigte die Bundesregierung an, die Einspeisevergütung für Solarstrom wesentlich stärker zu kürzen als ursprünglich geplant und zudem große Freiflächenanlagen gar nicht mehr zu fördern. Dies führte dazu, dass viele Solarprojekte storniert wurden und Banken ihre Kreditlinien für die Solarhersteller nicht verlängerten – so beklagt Prof. Dr. Eicke Weber, Leiter des Fraunhofer-Instituts für Solare Energiesysteme ISE in Freiburg, im Mai 2012 in einem Interview mit der *Wirtschaftswoche* die Folgen dieser Politik. Die Bundesregierung, erklärt Weber, hat sich auf diese Weise offen gegen die Photovoltaik gestellt. Sie reagierte damit auf die Tatsache, dass die Solarbranche nach anfänglichen Erfolgen weltweit einen massiven Einbruch erlebte. Es folgten drastische Einschnitte bei der Förderung, und so ging zuletzt ein Solarunternehmen nach dem anderen pleite. Die Konkurrenz von Billigprodukten aus China sei zu groß, hieß es, und daraus wurde die Behauptung, mit dem EEG würden chinesische Unternehmen gefördert, weil man die Solarzellen für die Photovoltaikanlagen von nun an importieren müsse. Der Rückzug der Politik aus der Solarförderung ist jedoch voreilig und wirtschaftspolitisch völlig unsinnig.

Es gibt zahlreiche Gründe für den zwischenzeitlichen Existenzdruck, in den die Solarunternehmen geraten sind. Sie reichen von Managementfehlern bis zu der Tatsache, dass es zu Beginn des Solarbooms schlicht zu einer Überproduktion gekommen war. Zeitweise wurden weit mehr Solarzellen produziert, als der Markt aufnehmen konnte. Gerade der überraschende Erfolg dieser Technologie, die in kürzester Zeit viel billiger zu produzieren war als erwartet, wurde den Unternehmen durch den damit verbundenen Preisverfall zum Verhängnis. Dass auf Überkapazitäten wirtschaftliche Einbrüche folgen, ist wenig spektakulär. Derzeit erleben wir dasselbe – zum wiederholten Male – in der Automobilbranche. Auch hier passiert es immer wieder, dass die Nachfrage nicht im selben Maße steigt wie das Angebot. Dann können die deutschen Autobauer mit ihren weltweit führenden Marken nicht genug Fahrzeuge absetzen und geraten so in Schwierigkeiten. Niemand würde indessen daraus schließen, dass es keinen Markt mehr für Autos gäbe! Neue Technologien müssen indessen in der Anfangsphase ihres Marktdaseins mit weit größeren Unwägbarkeiten als nur Schwankungen bei der Nachfrage umgehen. So setzte man im Solarunternehmen Q-Cells in einer bestimmten Phase der Entwicklung auf eine weniger erfolgreiche Technologie. Plötzlich erwies sich ein anderes Verfahren als besser und billiger, während sich die Politik ungefähr zur selben Zeit entschloss, der Branche ihre finanziellen Sicherheiten zu entziehen. Ein noch junges Unternehmen, das noch keine Gelegenheit hatte, über Jahrzehnte Reserven in Form von Eigenkapital aufzubauen, kann da schnell ins Trudeln geraten.

All diese Schwierigkeiten treffen die Solarbranche in China – und übrigens auch in den USA – mit derselben Wucht. Chinesische Unternehmen produzieren keineswegs billiger, wie häufig behauptet wird. Denn die Lohnnebenkosten spielen bei der Produktion von Solarzellen nur eine geringe Rolle: Die Aufwendung für Material sind der eigentliche Kostenfaktor, und sie sind überall gleich hoch. Daher muss man im Gegenteil sagen: Chinesische Unternehmen sind gegenüber den deutschen eher noch im Nachteil, da sie die für die Produktion von Solarzellen notwendige Technologie importieren müssen – und zwar von uns. Ihre Anlagen kommen fast ausschließlich von deutschen Firmen, wie etwa den Anlagenbauern RENA, Schmid oder Centrotherm. Anders als hierzulande hat man sich in China jedoch dazu entschlossen, die Solarbranche durch Kreditgarantien und zinsgünstige Kredite finanziell zu fördern, und so können sich die Hersteller dort auf die Veränderungen des Marktes neu einstellen, während die deutsche Politik heimische Unternehmen am langen Arm verhungern lässt. Dabei ist eines so offenkundig, dass man über so viel Kurzsichtigkeit nur den Kopf schütteln kann: Der Markt für Solartechnologie wächst. Die Branche steht noch am Anfang ihrer Möglichkeiten, und zwar sowohl in Bezug auf den Stand ihrer technologischen Entwicklung als auch in Bezug auf die Erschließung weltweiter Märkte. Angesichts dieser Situation ist es kaum nachvollziehbar, wieso die Bundesregierung versucht, den Ausbau von Solaranlagen zu deckeln, indem sie festschreibt, nur so viele Anlagen zu fördern, bis eine bestimmte Gesamtleistung erreicht ist. Und dies ausgerechnet in dem Moment, in dem die Technik immer billiger wird und den Verbraucher dadurch immer weniger belastet. Wenn sich Großkonzerne wie RWE plötzlich umentscheiden und auf Solarenergie setzen, erhöht sich die Nachfrage schlagartig. Sollte es jedoch in Zukunft keine deutschen Hersteller von Solarzellen mehr geben, dann kommen solche Wachstumsschübe des Marktes bald nur noch chinesischen Unternehmen zugute. – Es verhält sich also genau umgekehrt: Unsere Solarförderung fließt keineswegs nach China, wenn aber Konzerne und Kleinanbieter auf Solarstrom umrüsten, profitieren von diesen privatwirtschaftlichen Investitionen bald tatsächlich nur noch die Chinesen.

Um ein deutliches Signal auch an die deutsche Politik zu senden, haben wir in der Jury für den Umweltpreis der Deutschen Bundesstiftung Umwelt (DBU) im Jahr 2012 zwei führende Solarunternehmen ausgezeichnet. Bei der Preisverleihung des höchstdotierten europäischen Umweltpreises zeigte sich Bundesumweltminister Altmaier jedoch wenig einsichtig: Er sieht zwar die Herausforderungen der Branche, will sich aber nicht für sie einsetzen, da man, wie er in Anspielung auf einen Artikel des *Spiegel* sagte, ihm bereits den Vorwurf mache, er lasse sich von den Solarherstellern über den Tisch ziehen. Dabei geht es hier keinesfalls um unverhältnismäßige Subventionen, sondern schlicht und einfach darum, einer Zukunftsbranche eine Chance zu geben und sie nicht abzuwürgen.

Noch sind deutsche Anlagenbauer weltweit gut im Geschäft. Auch die modernste Technologie wird immer noch hier entwickelt, in Forschungseinrichtungen wie zum Beispiel dem Fraunhofer-Institut ISE in Freiburg. Zum gegebenen Zeitpunkt wäre es noch möglich und sinnvoll, für deutsche Solarhersteller ein Investitionsklima zu schaffen, das es ihnen ermöglicht, mit den chinesischen Unternehmen mitzuhalten. Zugleich haben deutsche Unternehmen *im Moment noch* gute Chancen, sich mit technologischen Neuerungen von anderen Anbietern abzusetzen. Auch darauf verweist Eicke Weber in dem oben erwähnten Interview mit der *Wirtschaftswoche*:»Q-Cells ist nach wie vor ein Juwel der Hochtechnologie. Das Unternehmen ist bereit, im Sommer die sogenannte Qantum-Technologie an den Markt zu bringen, die an meinem Institut mitentwickelt worden ist.« Bei der sogenannten CPV-Technologie (Concentrated Photovoltaics) ist inzwischen ein weiterer Durchbruch gelungen, indem der Wirkungsgrad von Solarzellen erheblich gesteigert werden konnte.»Zugleich lässt sich der Zelltyp billiger herstellen. Die Markteinführung dieser Technologie bedeutet eine kleine Revolution«, wie Weber weiter ausführt. Er ergänzt, dass Deutschland mit solchen Fortschritten technisch noch vorn läge, doch inzwischen fehlen allen Unternehmern hierzulande die Mittel, damit in den Wettbewerb einzusteigen. Dabei wäre ihnen bereits geholfen, wenn die Politik die Bürgschaft für die Fertigung von neuester Technologie bis zu ihrer globalen Wettbewerbsfähigkeit übernehmen würde, wie es ja zum Beispiel beim Flugzeugbauer EADS auch heute noch üblich ist, um Investitionen in neue Modelle abzusichern. Seit ungefähr einem Jahr aber wird den Unternehmen der Geldhahn abgedreht. Die Folgen kann man sich leicht ausrechnen: Bleibt es bei einer Politik, die derzeit drauf und dran ist, den Solarmarkt aufzugeben und das Feld damit der internationalen Konkurrenz zu überlassen, dann muss man davon ausgehen, dass es langfristig auch für die Anlagenbauer schwierig werden könnte. Denn warum sollten die sich auf Dauer in Deutschland ansiedeln, wenn sie ausschließlich für chinesische Unternehmen produzieren?

Die nach wie vor lauten Rufe gegen eine scheinbar sinnlose und überflüssige Förderung der Solartechnik erweisen sich also bei genauerem Hinsehen als Gefahr für die Entwicklung eines Wirtschaftszweiges, in dem ein großes Zukunftspotenzial liegt. Auch hier verkehrt sich eine scheinbar markt- und wirtschaftsfreundliche Politik in ihr Gegenteil. Von anfänglichen Schwierigkeiten und Rückschlägen verschreckt, zieht die deutsche Politik den Kopf ein und verzichtet auf die Gewinne, die eine wachsende Branche verspricht.

## Deutschland exportiert noch immer mehr Strom als es importiert

Der Einwand, Deutschland importiere Atom- und Kohlestrom aus den Nachbarländern, wurde im Zuge des Atomausstiegs laut, den die Regierung nach dem Reaktorunglück in Japan gegen den Widerstand der Energielobby durchsetzte. Es sei inkonsequent, hieß es, zugunsten der Umwelt auf Atom- und Kohlekraftwerke verzichten zu wollen, um den weniger klimafreundlichen, dafür aber billigen Strom durch die Hintertür wieder einzukaufen. – Ganz davon abgesehen, dass wir uns auf diese Weise von der ausländischen Energieversorgung abhängig machten. Die erste Reaktion von Konzernen wie RWE und Eon auf das Ausstiegsmanöver der Regierung schien diese Argumentation zu unterstreichen: Sie kündigten an, ihre Atomkraftwerke von nun an im Ausland zu bauen und zu betreiben. Inzwischen haben die Unternehmen von solchen Vorhaben jedoch abgelassen. Grund ist, dass sich Neubauprojekte überall auf der Welt höheren Sicherheitsanforderungen gegenübersehen und damit auch höheren Kosten. Darüber hinaus stoßen sie auf einen immer stärker werdenden Widerstand in der Bevölkerung, der die Regierungen dazu bewegt, sich aus der Subventionierung von Atommeilern zurückzuziehen. Dadurch aber sind viele der geplanten Neubauten von Atomkraftwerken nicht mehr finanzierbar.

Seit im Frühjahr 2011 acht Atomkraftwerke unmittelbar abgeschaltet wurden, hat sich die Bilanz unserer Stromimporte und -exporte zu den Nachbarn in der EU tatsächlich verändert. Zuvor waren die Überkapazitäten der deutschen Stromproduktion so hoch, dass wir immer mehr Strom exportierten als importierten. Doch selbst im Jahr 2011 exportierte Deutschland noch mehr Strom, als es von den Nachbarländern einkaufte, und im Jahr 2012 stieg die exportierte Strommenge weiter an. Der alltägliche innereuropäische Handel unterliegt abhängig von der Jahreszeit unterschiedlichen Schwankungen: In Sommermonaten mit niedrigem Verbrauch und vielen Sonnenstunden produziert Deutschland einen hohen Überschuss, der in Länder mit höherem Verbrauch verkauft werden kann. Aber auch in kalten Wintermonaten exportiert Deutschland Strom beispielsweise nach Frankreich, da man dort im Winter verstärkt mit Strom heizt. Auf diese Weise nutzten die Franzosen in den letzten Jahren bereits unseren grünen Strom. Weder der Atomausstieg noch die Umstellung unserer Stromversorgung auf erneuerbare Energien führen also dazu, dass wir uns nicht mehr selbst versorgen können und dadurch in Abhängigkeit von den Nachbarn geraten – zumindest nicht stärker, als es bisher ohnehin der Fall war: Seit langem entsteht ein europaweiter

Energiebinnenmarkt, der einerseits durch zahlreiche Handels-
beziehungen zwischen den Staaten gewachsen und andererseits politisch gewollt ist. Vor mehr als 40 Jahren richtete die
Europäische Union dafür das Ressort des EU-Energiekommis-
sars ein. Der erste Amtsträger von 1967 bis 1973 war ein deutscher Sozialdemokrat, und seit 2010 hat mit Günther Oettinger (CDU) erneut ein deutscher Politiker das Amt inne. Lange
bevor das Konzept der Nachhaltigkeit und Phänomene wie
Klimawandel und erneuerbare Energien in unser Bewusstsein
traten, koordinierte die EU staatenübergreifend den europäischen Energiemarkt und sorgte hier für reibungslose Abläu-
fe. Im Zuge der Energiewende stellen sich auch auf europäischer Ebene neue Herausforderungen: Bei der Erneuerung des
Stromnetzes müssen auch die Verknüpfungen zu den Nachbarländern bedacht werden. Neue Energieformen gehen – bedingt
durch die geografischen Gegebenheiten – auch mit neuen An-
forderungen einher: Wo es viel Sonne gibt, lohnen sich Solaranlagen, wo es viel Wind gibt, Windräder, und wo es starke
Gefälle gibt, können Pumpspeicherkraftwerke gebaut werden.
All dies macht eine noch engere Koordinierung der Stromversorgung zwischen den europäischen Staaten sinnvoll, und auf
EU-Ebene bemüht man sich auch längst um eine Synchroni-
sierung dieser Entwicklungen. Die Ausbauziele, die Deutschland in dem 2010 verabschiedeten Konzept zur Energiewende
festgeschrieben hat, gelten so im Rahmen der EU-Roadmap für
alle Mitgliedsstaaten. Sicherlich entscheidet in der Übergangs-
zeit jedes EU-Land selbst, wie es den Weg, den die Roadmap
hin zu einer grünen Stromversorgung aufzeichnet, gestalten
will. Manche Staaten setzen dabei auf konventionelle Energien,
so dass wir durch den üblichen Handel mit den Nachbarn vor-

übergehend weiterhin Atom- und Kohlestrom nutzen. Doch je schneller der Umbau der Energieversorgung in Deutschland gelingt, desto einfacher wird es für andere Länder nachzuziehen.

## Deutschlands Alleingang ist sinnvoll

Hans-Werner Sinn, der Präsident des ifo Instituts für Wirtschaftsforschung, fasst mit dem Titel einer von ihm 2008 verfassten Streitschrift seine Sicht der Debatte als *Das grüne Paradoxon* zusammen: Wenn wir uns hier von der Nutzung fossiler Brennstoffe unabhängig machen, indem wir auf erneuerbare Energien setzen, führe das dazu, dass die Besitzer der Ressourcen umso schneller versuchten, ihre Brennstoffe zu verkaufen. Auf diese Weise, so Sinn weiter, würde eine grüne Energiepolitik in Deutschland zu einer Beschleunigung des weltweiten Klimawandels beitragen. Deshalb fordert der Ökonom für den Emissionsrechtehandel und alle anderen Klimaschutzziele global gleichermaßen geltende Bedingungen. Auch er befürchtet anderenfalls die Abwanderung von Industrien. In gewisser Hinsicht hat Sinn damit sogar recht, denn einen ähnlichen Effekt erleben wir in Bezug auf unsere sozialen Standards. Man könnte es in Anlehnung an seine Kritik »das soziale Paradoxon« nennen: Die hohen sozialen Standards, die den Unternehmen in den sogenannten westlichen Demokratien beträchtliche Lohnnebenkosten verursachen, führen uns zur hässlichen Kehrseite des Kapitalismus. Wo die Regierungen ihre Arbeiter nicht durch eine entsprechende Gesetzgebung schützen, werden diese von denselben westlichen Unternehmen in Asien, Afrika oder hinter der amerikanisch-mexikanischen Grenze ausgebeutet. Die jüngsten Vorfälle um einen chinesischen Zulieferer der Firma Apple sind nur ein Beispiel für dieses Phänomen. Natürlich würden Ökonomen wie Hans-Werner Sinn sich hüten, deshalb die Abschaffung unserer sozialen Standards vorzuschlagen! Auch wenn allen klar ist, dass unsere Unternehmen dadurch immer wieder dem Druck der Billigkonkurrenz anderer Länder ausgeliefert sind: Es kann wohl kaum die Lösung des Problems sein, die in langen politischen Kämpfen erworbenen Rechte der Arbeiter wieder einzukassieren. Sinns Forderung nach einem ausschließlich globalen Handeln ist scheinheilig, weil sie eine Einigkeit aller Staaten voraussetzt, die absolut unrealistisch ist. Seine Konzepte mögen ökonomisch sinnvoll sein, doch auch Ökonomen sollten sich mit ihren Vorschlägen wenigstens annähernd im Bereich des politisch Möglichen bewegen.

Klaus Töpfer, Volkswirt mit internationaler politischer Erfahrung, führte mir das Problem in einem Gespräch vor Augen. In Diskussionen auf internationaler Ebene erlebte er bei Beratungen zum Umwelt- und Klimaschutz immer dieselben Beteuerungen:»Ausgezeichnet! Das werden wir auf jeden Fall umsetzen.« Nach langatmigen Wiederholungen solcher Zusicherungen folgten die letzten drei Worte:»Aber nur global.« Da wusste er, die Sache hat sich erledigt.

Je höher die politische Ebene und je mehr politische Entscheidungsträger beteiligt sind, desto unwahrscheinlicher wird die Realisierung in der Praxis. Schon auf europäischer Ebene erleben wir dies permanent, obwohl wir uns hier noch in einer mehr oder weniger homogenen Wertegemeinschaft befinden. Wie aber kann globales Handeln aussehen, wenn sich noch nicht einmal drei Staaten auf dieselbe Politik einigen können?

Die Energiewende wird kommen. Und sie wird zu Fortschritten beim Umwelt- und Klimaschutz führen. Zunächst nur lokal, zunehmend jedoch auch global. Am Ende wird sich zeigen, dass dieser Prozess in wesentlichen Teilen von unten eingeleitet wurde: 80 Prozent der Energieversorgung aus erneuerbaren Energien im Jahr 2012? Für manch eine Gemeinde in Bayern oder Brandenburg war das kein Problem. Sie haben einfach Mitte der 1990er Jahre mit dem Umbau begonnen und, während die Politik noch streitet, ihr Ziel längst erreicht. Bereits heute geschieht dies auch in anderen Ländern: In den USA beispielsweise verfolgt Kalifornien seit geraumer Zeit eine energiepolitische Strategie, die auf Solarstrom setzt; das letzte Atomkraftwerk soll 2022 abgeschaltet werden. Die Energieversorgung an der amerikanischen Ostküste hingegen sieht heute noch viel konventioneller aus. Wenn sich die Energiewende durchsetzt, dann deshalb, weil sich zahlreiche Gemeinden, Städte, Bundesländer und schließlich auch Staaten zu solchen Alleingängen durchgerungen haben. Die »Energiewende von unten« wird somit deutlich erfolgreicher sein als die »Energiewende von oben«.

# 11. Es ist an der Zeit, entschieden zu handeln!

In der chinesischen Metropole Schanghai fahren Busse, die an jeder Haltestelle kurz an eine Steckdose andocken. Dreißig Sekunden dauert es, die Kondensatoren des Elektromobils aufzuladen. Während die Passagiere ein- und aussteigen, tankt der Bus genug Strom, um seine Fahrt bis zur nächsten Haltestelle fortzusetzen.

Ausgerechnet China prescht mit umweltfreundlichen Technologien voran. Wohl wenige Länder haben in der Vergangenheit häufiger bewiesen, dass sie nicht im Traum daran denken, ihre Wirtschaftsinteressen wegen ideeller Werte zurückzustellen. Dass ausgerechnet die Chinesen auf grüne Technologien setzen, der Staat Industrien wie die Elektromobilität oder die Solarbranche massiv fördert, kann als Indiz dafür gelten, dass es bei der Energiewende längst nicht mehr allein um Umweltschutz und Klimawandel geht: Die Ökorevolution ist längst ein knallhartes Geschäft geworden. Als die deutsche Politik begann, die Automobilbranche zur Entwicklung von Elektrofahrzeugen zu drängen, wehrte sich die Industrie vehement gegen solche ökoideologischen Vorgaben. Inzwischen zeichnet sich ab, dass die Autohersteller den Anschluss an einen weltweiten Markt verlieren könnten, wenn sie nicht rechtzeitig in grüne Technologien einsteigen. Ähnliches gilt für das Desertec-Projekt, das nordafrikanischen Wüstenstrom für Europa produzieren soll. Nach anfänglichen Schwierigkeiten ist es heute wirtschaftlich so interessant, dass chinesische und US-amerikanische Investoren einen Einstieg erwägen.

Die Liste solcher Beispiele ist lang. Energie und Strom sind ein gutes, hart umkämpftes Geschäft, weil sie für die moderne Gesellschaft so existenziell geworden sind wie der Sauerstoff zum Atmen. Allzu lange hat uns die Stromversorgung nahezu unsichtbar durch den Alltag begleitet, was angesichts der Bedeutung der Elektrizität fast schon erstaunlich ist. Als im Oktober 2012 Hurrikan Sandy auf die Stadt New York zuraste, empfahl Bürgermeister Bloomberg den Bewohnern der Stadt, zu Hause zu bleiben und ein Buch zu lesen. Wer weiß, ob das in ein paar Jahrzehnten noch möglich ist? Sollte sich das E-Book durchsetzen, könnten die Menschen bei zukünftigen Stromausfällen gezwungen sein, zur Tradition des Geschichtenerzählens zurückzukehren.

Schanghai hat in einem ersten Versuch für 17 Busse von insgesamt drei Linien an allen Haltestellen Ladestationen eingerichtet. Auch in deutschen Städten findet man zunehmend solche alternativen Zapfsäulen. Schlank ragen sie aus dem Boden und halten Steckdosen bereit, an denen sich die ersten Elektromobile mit Energie versorgen können. Autos, die mit einem einfachen Stromkabel an solchen Tankstellen hängen – sie verändern allmählich unser Stadtbild und stehen so für einen weiteren Aspekt der Revolution, die wir mit der Energiewende erleben: Die Umstellung auf eine grüne Energieversorgung hat einen Bewusstseinswandel eingeleitet. Immer mehr Menschen beginnen, über ihren Energie- und Stromverbrauch nachzudenken – und ihn aktiv zu steuern.

Auf dem Land hat dieser Wandel bereits eingesetzt: Welcher Strom kommt aus den Leitungen? Was kostet er? Welche Mengen werden verbraucht? – Lange Zeit dachte niemand über all das nach. Energie und Strom waren ausschließlich Sache von Fachleuten. Doch das ändert sich. Die Zahl derer schrumpft, die bewusstlos am Tropf der Steckdose hängen, im Vertrauen auf Energieversorger, die dafür zuständig sind, dass der Quell nicht versiegt. Gerade auf dem Land haben die Menschen begonnen, sich unabhängig zu machen, mit Solarzellen auf dem eigenen Dach oder auch durch den Zusammenschluss in kleinen Betreibergemeinschaften, die an vielen Orten Deutschlands eine lokale, grüne Energieversorgung aufbauen. – Auf einmal werden Energie und Strom zum Thema für Gemeinschaftsprojekte. So auch, wenn Eltern einer Berliner Waldorfschule gemeinsam in eine Solaranlage auf dem Dach investieren und die Schule sich auf diese Weise selbst versorgt. Und der Stromverbrauch wird auf einer Anzeigetafel vor dem Schulgebäude öffentlich gemacht – auch dies ein Zeichen für den Bewusstseinswandel. Wer hätte sich vor 30 Jahren vorstellen können, dass sich einmal jemand für den Stromverbrauch seiner Schule interessieren würde?

Das Bewusstsein für die Themen Energie und Strom setzte Ende der 1960er und in den frühen 1970er Jahren ein: Allmählich wurde klar, dass die großen Leuchtreklamen, die das Versprechen unbegrenzten Konsums in staunende Kinderaugen zauberten, eine hässliche Kehrseite haben: Stromtrassen verschandeln unsere Landschaft, Kohlekraftwerke erweisen sich als Dreckschleudern, und unser Energieverbrauch wird zu einer Belastung für Umwelt und Klima. Zur selben Zeit machte sich die Erkenntnis breit, dass die Ressourcen fossiler Brennstoffe endlich sind. Es schien keinen ernst zu nehmenden Ausweg aus dem Dilemma zu geben, dass wir durch unsere Lebensweise unsere Lebensgrundlage zerstören – sieht man einmal von der utopischen Forderung »Zurück zur Natur« ab, für die sich wenige besonders Betroffene starkmachten. Doch nun zeigt sich: Es ist möglich, Energieverbrauch und Umweltschutz besser in Einklang zu bringen. Nicht vollständig, aber in einem Maße, das gegenüber den herkömmlichen Umweltbelastungen und -gefahren eine fundamentale Verbesserung bedeutet.

Die neuen Technologien der Ökostromerzeugung bedeuten mehr als nur einen Austausch der Quellen. Anders als bei den großen herkömmlichen Kraftwerken, die riesige Mengen Strom an einem Ort produzieren und ihn von dort aus verteilen, ist die Erzeugung von grünem Strom vergleichsweise einfach. Wind, Sonne und Biomasse stehen nahezu überall zur Verfügung. Mit ihnen lässt sich unsere Stromversorgung dezentralisieren. Mitten in einer globalisierten Welt, in der nahezu alle von allen abhängig sind, tut sich damit plötzlich die Möglichkeit einer völligen Selbstversorgung in Bezug auf den Strom auf.

Diese Chance stellt unsere bisherige Infrastruktur vollständig auf den Kopf: Private Stromerzeuger oder Gemeinschaften kleinerer oder mittlerer Größe machen sich nämlich nicht nur von der zentralen Energieversorgung unabhängig, sondern sie werden selbst zu Stromanbietern. Die Berliner Waldorfschule zum Beispiel teilt auf ihrer digitalen Anzeigetafel auch mit, wie viel überschüssigen Strom sie in das städtische Netz abgibt. Aus einer zentralistisch organisierten Infrastruktur mit Kraftwerken als Knotenpunkten entsteht derzeit ein Netzwerk, das um ein Vielfaches kleingliedriger strukturiert ist. Und dies ist erst der Anfang. Zu den vielversprechenden Technologien der Zukunft gehören Elektrofahrzeuge, die nicht nur Energie verbrauchen, sondern diese auch speichern können. Wer seine Fahrt beendet, soll die überschüssig geladene Energie wieder in das Stromnetz einspeisen können. Die Agentur für Erneuerbare Energien rechnet auf ihrer Website vor, dass bereits 100 000 Elektroautos mit solchen Batteriespeichern denselben Beitrag zur Stromproduktion liefern können wie die Wasserturbinen des Pumpspeicherkraftwerkes Goldisthal in Thüringen – was mit rund einem Gigawatt der Leistung eines Atomreaktors entspricht.

Eine auf diese Weise immer dezentraler werdende Energieversorgung, bei der jeder einzelne Verbraucher nicht nur Strom abnimmt, sondern auch Strom in das Netz zurückleitet, stellt eine gewaltige logistische Herausforderung dar. Die Energieversorger und Netzbetreiber der Zukunft werden all diese Strombewegungen so koordinieren müssen, dass eine stabile, kontinuierliche Stromversorgung gewährleistet werden kann. Und es handelt sich hier nicht um eine Zukunftsvision: Große Teile des dezentralen Netzes sind längst installiert, und es wächst weiter – mit jedem einzelnen Verbraucher, der sich entscheidet, in private oder kleine gemeinschaftliche Energieprojekte zu investieren.

Während die Energiewende sich ihren Weg bahnt, tobt in Politik, Wirtschaft und Wissenschaft ein *Kampf um Strom*, der sich zunehmend von der Sache selbst entfernt hat. Der Streit in der Energiewirtschaft um Pfründe, um Besitzstände, Macht und Monopole wird politisch noch erschwert durch eine Auseinandersetzung um Zuständigkeiten: Es geht nicht mehr nur um »Wind auf See« versus »Wind an Land«, um die kleine Photovoltaikanlage auf dem Dach gegen Großprojekte wie Desertec, um riesige Stromtrassen von Nord nach Süd gegen kleine lokale Verteilernetze, sondern es geht auch um Nord gegen Süd, Niedersachsen gegen Bayern oder Baden-Württemberg. Und selbst auf Bundesebene setzt sich dieses wirre Durcheinander fort, denn die Verantwortung für die Energiewende liegt nicht allein beim Umweltminister, sondern fällt in Teilen auch in das Ressort des Wirtschaftsministers. Darüber hinaus beschäftigen sich nahezu alle Ministerien in irgendeiner Weise mit der Energiewende. *Der Kampf um Strom* ist auch ein Kampf um Information: Es geht um die Deutungshoheit in Bezug auf das, was als Nächstes passieren muss. Angesichts der nach gut drei Jahren offenkundig gewordenen Uneinigkeit, die zwischen den Koalitionsparteien herrscht, hat dies dazu geführt, dass ihr erster Umweltminister, der klare Ziele für die Energiewende verfolgte, im Laufe der Regierungsperiode durch einen Politiker ersetzt wurde, der sich in der Sache selbst weniger eindeutig positioniert. Nur wenn man weder für noch gegen etwas ist, kann man, wie Umweltminister Altmaier, seine Aufgabe darin sehen, alle Seiten gleichermaßen zufriedenzustellen. Die gegenwärtige Regierung tut nichts, um die Mythen der Energiewende als solche zu entlarven. In diesem Zusammenhang verwundert es auch nicht, dass ein Porträt im Magazin *Der Spiegel* kaum Inhaltliches über die Energiewende zu berichten weiß, dafür aber umfassend über Altmaiers Essgewohnheiten informiert.

Die Energiewende stellt einen gewaltigen Umbau dar. Es gilt, in vielen Einzelbereichen unterschiedlichste Stränge und lose Fäden zusammenzuhalten, zusammenzuführen oder zu einem Ende zu bringen. Unternehmenslenker, die einen Konzern grundsätzlich neu ausrichten wollen, kennen diesen Prozess, der ein wohlüberlegtes und hervorragend geführtes Change-Management erfordert. Auch der Unternehmenslenker muss die vorgegebenen Ziele gegen viele Widerstände inner- und außerhalb der Firma durchsetzen. Der mit der Energiewende eingeläutete Wandel ist im Unternehmen Deutschland längst im Gange. Doch es fehlt auf höchster Führungsebene an einer verantwortlichen Instanz, die sich dieser Aufgabe in vollem Umfang bewusst ist – und sie zentral in den Händen eines oder weniger Entscheider hält, die den Prozess organisieren. Es ist zu hoffen, dass nach der Bundestagswahl eine Politik möglich wird, die in Bezug auf die Energieversorgung zu einem klaren Konzept zurückfindet, und dass sich Politiker finden, die den Mut aufbringen, ein solches Konzept gegen den Widerstand von Lobbyisten aller Couleur durchzusetzen. Nur so kann verhindert werden, dass die Schlacht um eine kluge Umsetzung der Energiewende verloren geht.

Die Frage, ob wir eine grüne Energieversorgung haben werden, ist längst entschieden. Jetzt geht es darum, wie diese konkret aussehen wird und wie schnell wir uns von fossilen Energieträgern, insbesondere den so umweltschädlichen Kohlekraftwerken verabschieden wollen. Und schließlich: wer daran gewinnt, und wer verliert. Deutschland hat sich eine einmalige Chance erarbeitet, der Welt für die globale Umstellung auf ein nachhaltiges, erneuerbares Energiesystem die erforderlichen Technologien anzubieten. Beim derzeitigen Stand der Dinge haben wir das großartige Potenzial, zu beweisen, dass die Energiewende in einem Industrieland nicht nur möglich ist, sondern dabei noch wirtschaftliche Vorteile bringt – allerdings nur, wenn uns in Zukunft ein besonnenes, gut koordiniertes Management des Energieumbaus gelingt.

Während ich am Schreibtisch über den Korrekturfahnen dieses Buches sitze, verkündet die deutsche Bahn (am 29. November 2012), sie wolle ab dem 01. April nächsten Jahres alle Bahncard-Kunden kohlendioxidfrei transportieren – zu 100 Prozent. Dabei sollen jährlich 700.000 Tonnen $CO_2$ eingespart werden, indem die Bahn große Mengen grünen Strom einkauft und in das konzerneigene Netz einspeist. Beispiele für praktikable Lösungen gibt es zuhauf – gerade öffentliche Verkehrsmittel wie die Bahn oder die E-Busse in Shanghai beweisen das. Wir müssen nur noch einsteigen und uns endlich entscheiden, alle in dieselbe Richtung zu fahren – in eine grüne Zukunft.

# Dank

Mein Dank gilt an erster Stelle meinem wunderbaren Team am Deutschen Institut für Wirtschaftsforschung DIW, den Kolleginnen und Kollegen der Abteilung »Energie, Verkehr und Umwelt« und dem gesamten Cluster »Nachhaltigkeit«. Darüber hinaus möchte ich allen anderen Unterstützern und Helfern danken, die ich namentlich an dieser Stelle nicht alle aufzählen kann.

Zudem möchte ich ganz herzlich Klaus Töpfer für die langjährige Unterstützung und die vielen Gespräche danken. Außerdem danke ich Eicke Weber für die zahlreichen Gespräche und die wertvollen Hinweise. Ein weiterer Dank gilt der Deutschen Gesellschaft des Club of Rome. Die vielen wichtigen Initiativen und Gespräche im Sinne der Nachhaltigkeit und des Ressourcenschutzes sind für mich bedeutsam und wichtig. Ebenso danken möchte ich Dennis Maedows, der vermutlich erstaunt sein wird, welch nachhaltigen Eindruck unsere Gespräche hinterlassen haben.

Danken möchte ich dem Murmann Verlag, der mich wie schon bei den anderen Büchern stets unterstützt hat. Zu danken habe ich Kerstin Sveva, die mich mit ihrer Erfahrung fachkundig und engagiert bei der Konzeption des Buches und den zahlreichen Textarbeiten für und rund um das Buch unterstützt hat.

Ganz besonders danken möchte ich meinem Mann Jürgen, dass er sich so schnell für die Idee, ein solches Buch zu machen, begeistern ließ. So war er nicht nur an der Entwicklung der Idee, sondern bis zum Ende als Ratgeber und allererster Leser an der Entstehung dieses Buches beteiligt. Vor allem aber danke ich ihm für seine Geduld, wenn ich mal wieder länger am Schreibtisch saß als verabredet, und für die vielen der Wissenschaft geopferten Wochenenden, die uns doch beiden so kostbar sind.